# バドミントンの理論と実技

初歩から基本技術の指導まで

岸　一弘

大学教育出版

# はしがき

　バドミントンは、重さ５グラム前後の羽根球（シャトル）を 100 グラムに満たないラケットで打つ球技です。ショットの最高初速度については、男子一流選手のスマッシュが時速 400km を超えるデータも示されています。競技スポーツとしてのイメージは、閉めきったほぼ無風の体育館で、汗びっしょりになってプレイするものではないかと思います。しかし、近年では空調設備の整った競技場での大会も多くなっています。そのような環境が整った競技場は、空気の流れを調整したり、室温を一定に保ったりすることができると思います。けれども競技者にとっては、普段の練習環境との違いがあり、例えば、当該競技場の風向きを考えたラケットコントロールの調整が必要になります。2018 年８月のアジア大会（インドネシア：ジャカルタ）において、選手たちが館内の風の影響によって苦戦していたのが印象的でした。一方で、空調設備や冷暖房設備のある学校体育館は少ないですが、今後は順次設置されていくのではないかと考えられます。

　味の素ナショナルトレーニングセンター（東京都北区）は、国内トップ選手が合宿などで利用することができる国立のスポーツ施設です。これが完成してからは、バドミントンのナショナルメンバーが主要な国際大会の直前合宿などで利用するようになり、競技成績も向上してきていると考えられます。ちなみに同センター３階には、シャトルの動きに影響を及ぼさない、0.5 メートルの微風で運転できる空調設備とバドミントン専用コートが 10 面設置されています。

　近年におけるバドミントンの国際試合での結果をみますと、2016 年のリオデジャネイロオリンピック大会において、女子の奥原選手が我が国のオリンピックバドミントンにおけるシングルス史上初のメダル獲得となる３位でした。また女子ダブルスにおいては、前回大会の藤井・垣岩組の銀メダルを上回る金メダルを高橋・松友組が獲得しました。これは、バドミントンが 1992 年

のバルセロナ大会で正式に採用されてから悲願だった金メダルの獲得といえます。さらに、2018年は快挙が続いています。まず、5月にタイのバンコクで開催された世界女子バドミントン選手権（ユーバー杯）で37年ぶりに優勝を飾り、同男子選手権（トマス杯）は2大会ぶりの優勝を逃して準優勝でした。8月の世界選手権（中国：南京市）では、男子シングルスの桃田選手が優勝、女子ダブルスの松本・永原組が優勝、同ダブルスの福島・廣田組と男子ダブルスの園田・嘉村組も準優勝に輝きました。アジア大会での女子団体は長年の王者中国を破り、48年ぶりの優勝を飾りました。また、男子団体3位も48年ぶりのメダル獲得でした。個人戦においても金メダルの獲得が有望視されていたのですが、団体戦での雪辱を果たすべく、気魂十分に競技した対戦相手に屈してしまった印象があります。結果は、女子ダブルスの高橋・松友組が準優勝、女子シングルスの山口選手と男子シングルスの西本選手が3位でした。

　このように、我が国のバドミントンは国際的な大会で優勝が狙えるレベルになってきたため、2020年開催予定の東京オリンピック大会においても、複数のメダル獲得の期待がかかる競技種目といえます。これらの躍進の原動力については、選手自身の不断の努力、スポーツ振興基本計画（文部省，2000）等に基づいたジュニア期からの一貫指導や強化策並びに練習環境の整備等をあげることができます。併せて、コーチングスタッフによる技術・戦術指導も高い競技レベルを支える重要な一因と考えられます（岸ほか，2017）。

　一方、学校体育のバドミントンに目を向けてみますと、2017年3月に新しい小学校学習指導要領が告示されました。その解説体育編（文部科学省，2018）で画期的なことがあったのです。それは、これまでの小学校学習指導要領や解説体育編（指導書を含む）では一度もバドミントンに関わる運動の記述がなかったのですが、今回初めて第3学年及び第4学年（以下「中学年」と略す）のゲーム領域のネット型及び第5学年及び第6学年（以下「高学年」と略す）のボール運動領域のネット型で例示されたのです。具体的には、中学年で「バドミントンやテニスを基にした易しいゲーム」が、高学年では「バドミントンやテニスを基にした簡易化されたゲーム」と示されています。これらが記述されたことによって、小学校体育科においては、中学校保健体育科のバド

ミントン授業への系統性を考慮した、バドミントンに関わる運動を取り扱うことが可能になったといえます。小学校の先生の中には、バドミントンに親しんだことのない方も多いかと思われます。さらに、大学でスポーツ教育を担当している先生方の中にも、バドミントンを教えることの難しさを痛感している方がいるかもしれません。そのような方が本書を手にとって、授業づくりの参考にしていただけるならば、著者冥利に尽きます。

　筆者のバドミントンに関わる単著は、1995 年に上毛新聞社出版局から自費出版した『初心者と指導者のためのバドミントン教本』と 2010 年に上毛新聞社事業局出版部から共愛学園前橋国際大学ブックレット II として出版した『バドミントンを知る本』があります。本書は、2016 年 9 月に受理された博士学位論文を一部抜粋して修正・加筆したものに、新たな章を加えたものです。また、基礎技術の理解を図るために写真を挿入しました。これらでバドミントンの基礎的理論については、一定の成果が得られたと考えています。しかしながら、まだいくつかの課題が残されているので、今後も継続して研究に取り組んでいきます。

　そのため本書を手にされた皆様から、ご批評、ご意見をいただければ、幸甚です。

　最後に、これまでの研究にご協力いただいた関係者の皆様、そして本書の刊行にあたってご尽力いただいた㈱大学教育出版の佐藤守氏に深く感謝いたします。


2018 年 9 月末日

岸　一弘

# バドミントンの理論と実技
― 初歩から基本技術の指導まで

## 目　次

はしがき ……………………………………………………………………… i

## 第1章　生涯スポーツとしてのバドミントン ……………………………… 1

 1　生涯スポーツとは *1*

 2　バドミントンを理解するために必要な基礎的事項 *7*

 3　ラケットの握り方とコート内でのラケット操作法 *17*

## 第2章　生涯スポーツ論からみたバドミントンの4つの楽しみ方 ……… 41

 1　行うバドミントンの楽しみ方 *41*

 2　みるバドミントンの楽しみ方 *49*

 3　支えるバドミントンの楽しみ方 *54*

 4　つくるバドミントンの楽しみ方 *57*

## 第3章　バドミントンの運動強度 ……………………………………………… 61

 1　一流バドミントン選手の試合中の運動強度について *61*

 2　レディースバドミントン選手の練習中の運動強度について *64*

 3　大学生のバドミントンの授業中の運動強度について *67*

## 第4章　近代バドミントンの競技規則と技術及び戦術 ……………………… 83

 1　近代バドミントンの競技規則改正について *83*

 2　近代バドミントンの技術の変遷について *85*

 3　近代バドミントンの戦術の変遷について *91*

## 第5章　バドミントンの指導体系論 …………………………………………… 101

 1　バドミントンの特性について *101*

 2　バドミントンの指導体系について *102*

 3　バドミントンの一貫指導について *110*

目　次　*vii*

### 第6章　学校体育授業のための実践資料 ……………………………… *113*

　　1　小学校でのバドミントンに関わる運動の授業（案）　*113*

　　2　中学校でのバドミントンの授業（案）　*125*

　　3　大学でのバドミントン授業の実践例　*132*


付記 ……………………………………………………………………… *141*


文献 ……………………………………………………………………… *142*


あとがき ………………………………………………………………… *155*

# 第1章
## 生涯スポーツとしてのバドミントン

### 1 生涯スポーツとは

　近年、学校教育における課外のスポーツ活動（以下「運動部活動」と略す）ではさまざまな問題が表出しており、その原因究明及び解決のための方途を構築することが緊急の課題といえます。例えば、運動部活動の時間が非常に長い事例があります。いわゆる、スポーツ有力校といわれている学校では、始業前での練習と放課後の練習が元日を除く毎日実施されているか、ほとんどそれに近い状況で行われています。次に体罰・制裁（入沢，2004a）の問題があります。これには①指導者から生徒（部員）、②生徒（部員）から指導者、③生徒間（部員間）のもの、等が指摘されています。また、各学校段階の大会で優勝することが絶対的な目標となる勝利至上主義的な傾向の指導（辻，2001a）やバーンアウト（（スポーツの燃え尽き症候群（文部省，1999）ともいう））またはドロップアウト（中込・岸，1991；土屋・中込，1998；横田，2002；北村，2006）といわれる問題があります。さらには部員間におけるいじめ（入沢，2004b）の問題があります。その他、指導教員の高齢化に伴う活力低下（木村，2000）や少子化による部員不足の問題等があげられるものの、ここでは問題提起のみにしておきます。

　以上のように社会問題化している学校の運動部活動ですが、本来、スポーツの語源は、ラテン語の *deportare*（デポルターレ）にさかのぼり、人間の生存に必要不可欠なまじめなことから一時的に離れること、すなわち気晴らす

る、休養する、楽しむ、遊ぶなどを意味していました。それが中世フランス語で *desport*（デスポール）となり、14世紀にはイギリス人が disport に転じたものの、16世紀には *sporte*、あるいは *sport* と省略されて使われるようになり、現在に至っています（佐伯，1987a）。

　また、佐伯（1987b）はスポーツの定義について、「ことばの意味の変遷からみられるように、それぞれの時代や社会における、遊びや休養・娯楽生活のおくり方と深くかかわっており、その意味・内容は固定的でなく、時代や社会の慣習によって変化してきた」と述べた上で、ヨーロッパみんなのスポーツ憲章（1975）をもとに、「競争的なゲームおよびスポーツ、野外活動、美的運動、調整運動の4つのカテゴリー」で捉えたもの、すなわち、「ダンスや体操を含め、楽しみや健康を求めて行われる運動のすべて」としています。

　さらに佐伯（1996）は、現代のスポーツ世界を組織化・制度化の水準からも捉えています。それによれば、最も未組織なものが「インフォーマル・スポーツ」、ある程度組織化・制度化されているものが「セミフォーマル・スポーツ」、社会制度として確立しているものが「フォーマル・スポーツ」及び企業的活動として組織化・制度化されているものが「プロ・スポーツ」と述べています。これらの4層は、ゲームとしての「行うスポーツ」を基底に示したものと考えられます。

　一方で服部（2006）は、最新の事典で次のように総括しています。「スポーツという言葉には大きく3つの意味があり、第1に、ルールに基づいて身体的能力を競い合う遊びの組織化、制度化されたものの総称。第2には、健康の保持増進や爽快感などを求めて行われる身体活動。第3の意味としては、知的な戦略能力を競い合う遊びを指して呼ぶことがある」。

　近代スポーツが日本に紹介されたのは、19世紀後半から20世紀にかけてだといわれています。すでに競技性の高かったそれらの「行うスポーツ」は、主に学校体育の授業や運動部活動で取り上げられ普及しました（増田，1995；浅見，2001）。現代では競技スポーツのトップレベルに位置する選手のプロ化が進んでいる反面で、もともとはアマチュアスポーツ選手の最高峰を競う大会であったオリンピックがプロ選手でも出場可能なイベントとなり、そのテレビ

放映権を巡っては、ビッグマネーが飛びかうなど由々しき事態となっています（時本，1995）。

　ところで、我が国の学校における教育課程（curriculum）は学校教育法施行規則のほかに、基準として示されている学習指導要領（以下「指導要領」と略す）によって編成することになっています。平成元年に公示された小学校、中学校及び高等学校の指導要領では、「体育」「保健体育」について各学校種を通じて、生涯スポーツと体力の向上を重視する観点から内容の改善を図り、児童生徒が自ら進んで運動に親しむ態度や能力を身につけるとともに、自発的、自主的に運動ができることを目指したものになりました（文部省，1992）。

　さらに、平成10年7月の教育課程審議会答申をふまえて、同年末に改訂指導要領の告示が行われました。その中で注目すべきことは、児童生徒のアンバランスな心身の現状に対応し、生涯にわたる豊かなスポーツライフ及び健康の保持増進の基礎を培う観点に立って、体育や保健の内容の改善を図ったところです（文部省，1999a）。これらは、学校体育の具体的目標を生涯スポーツにつながる能力及び態度の育成という観点で示したものです。

　スポーツ振興のための基本的な方策として、『スポーツ振興基本計画』が1999年9月に策定されました。この計画は、『スポーツ振興法』（1961）に基づき、2001年度から2010年度までの10年間で達成すべき目標や具体的施策などについて定めたものです（文部省，2000）。後述するように、総論では「みるスポーツ」や「支援するスポーツ」についてもふれているものの、各論では次のような3点を柱としていて、「行うスポーツ」に力点がおかれていると考えられます。

① 生涯スポーツ社会の実現に向けた地域におけるスポーツ環境の整備充実

② 我が国の国際競技力の総合的な向上

③ 生涯スポーツ・競技スポーツと学校体育・スポーツとの連携推進

　ただし、この計画は2005年度に評価・見直しがなされ、修正後の3本柱は次のように示されています（文部科学省，2006）。

① スポーツの振興を通じた子どもの体力の向上

4

② 生涯スポーツ社会の実現

③ 国際競技力の向上

　次いで、生涯（学習としての）スポーツについて論考します。月刊学術雑誌『体育の科学』（2006年2月号）は、「生涯スポーツのすすめ」と題した特集を組んでいました。その理由には、今日の少子高齢社会において私たち1人ひとりが生きている長さの中で、「認知症や寝たきり状態にならず、心身共に健やかであるほか、社会的な繋がりも保てる期間」（（「健康寿命」（芳賀，2004））をいかに延ばすかが大きな課題であり、生活習慣病の予防が大きな鍵となっていることなどが考えられます。それゆえ、現代社会においてはヒトの身体能力の限界に挑むチャンピオンスポーツ（プロを含む）が最も華やかで脚光を浴びるもの（「みるスポーツ」）であり、健康・体力づくりのためには適度に身体を動かすこと、すなわち「行うスポーツ」を生活の一部にしていくことが期待されていると考えられます。

　文部科学省（2004）はスポーツの意義について、「人生をより豊かにし、充実したものとするとともに、人間の身体的・精神的な欲求に答える世界共通の人類の文化の1つである。心身の両面に影響を与える文化としてのスポーツは、明るく豊かで活力に満ちた社会の形成や個々人の心身の健全な発達に必要不可欠なものであり、人々が生涯にわたってスポーツに親しむことは、極めて大きな意義を有している」と述べています。また、前述した『スポーツ振興基本計画』（2000）では、「人間とスポーツとのかかわりについては、スポーツを自ら行うことのほかに、スポーツをみて楽しむことやスポーツを支援することがある。スポーツをみて楽しむことは、スポーツの振興の面だけでなく、国民生活の質的向上やゆとりある生活の観点からも有意義である。また、スポーツの支援については、例えば、ボランティアとしてスポーツの振興に積極的にかかわりながら、自己開発、自己実現を図ることを可能とする。人々は、このようにスポーツへの多様なかかわりを通じて、生涯にわたる豊かなスポーツライフを実現していくのである。したがって、スポーツへの多様なかかわりについても、その意義を踏まえ、促進を図っていくことが重要である」と述べています。

これらを参考に、筆者は生涯（学習としての）スポーツを次のように捉えています。すなわち、それは生涯にわたって継続される活動の1つとしてスポーツを学習することであり、学習者本人の持続的な学習意欲あるいは学習要求に支えられるものです。また、スポーツの分類は山口（2004）と山口県体育協会（2005）を参考に、図1-1のように考えています。それは、第1に「行うスポーツ」（Do Sport）、第2に「みるスポーツ」（Spectator Sport）、第3に「支えるスポーツ」（Volunteer Sport）、第4に「つくるスポーツ」（Planning Sport）です。これらのうち、第3と第4の享受の仕方は、これまでほとんど取りあげられてこなかったためか、バドミントンを上記のような4つの観点から検討したものは見当たりません。しかしながら、今後の社会では多様なかたちでスポーツを享受する（楽しむ、学習する）ことがきわめて重要になってくると考えられます。

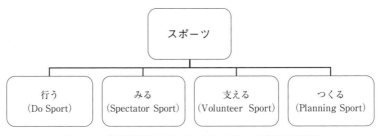

図1-1　生涯学習社会におけるスポーツ享受の分類

　2010年10月、我が国のスポーツ政策の基本的方向性を示した「スポーツ立国戦略」（文部科学省，2010）が策定されました。その目指す姿には、「新たなスポーツ文化の確立～すべての人々にスポーツを！　スポーツの楽しみ・感動を分かち、支え合う社会へ～」があげられています。また、基本的な考え方としては、人（する人、観る人、支える（育てる）人）の重視と連携・協働の推進があり、さらに実施すべき5つの重点戦略（①ライフステージに応じたスポーツ機会の創造、②世界で競い合うトップアスリートの育成・強化、③スポーツ界の連携・協働による「好循環」の創出、④スポーツ界における透明性や公平・公正性の向上、⑤社会全体でスポーツを支える基盤の整備）が示され

ています。

それらでは、新たなスポーツ文化の確立を目指すうえで、スポーツの楽しみ方には3つがあるとしています。しかしながら5つの重点戦略は、「する」楽しみ方に偏った施策になっているように考えられます。筆者は前述のように、「行う（する）」「みる」「支える」のほかに、「つくる」楽しみ方があると提言しています。これに対して、松浪（2013）は4つ目に「調べる」をあげています。それは、スポーツを通して歴史や民族または政治経済などについて知ることから、自分の考えを深める楽しみ方だと述べています。

2011年には、「スポーツ基本法」が制定されました。これは、1961年に制定されたスポーツ振興法を全面改正したものです。主な特徴は、前文に「スポーツは世界共通の人類の文化である」と述べていることです。それに、「スポーツを通じて幸福で豊かな生活を営むことは、全ての人々の権利であり、全ての国民がその自発性の下に、各々の関心、適性等に応じて、安全かつ公正な環境の下で日常的にスポーツに親しみ、スポーツを楽しみ、又はスポーツを支える活動に参画することのできる機会が確保されなければならない」（文部科学省, 2011a）としていることがあげられます。これらは、我が国の法律で初めて「スポーツ権」を明記したものと考えられます。さらに同法においては、スポーツ界における透明性、公平・公正性の向上の要請や障害者スポーツの発展、国際化の進展等スポーツを取り巻く現代的課題を踏まえ、スポーツに関する基本理念が示されているとともに、文部科学大臣が「スポーツ基本計画」を定めることと規定されています（文部科学省, 2011b）。

このことを受けて、2012年には「スポーツ基本計画」が示され、今後10年間を見通したスポーツ推進の基本方針が、以下の7項目から示されました。

①　子どものスポーツ機会の充実
②　ライフステージに応じたスポーツ活動の推進
③　住民が主体的に参画する地域のスポーツ環境の整備
④　国際競技力の向上に向けた人材の養成やスポーツ環境の整備
⑤　オリンピック、パラリンピックなどの国際競技大会の招致・開催等を通じた国際貢献・交流の推進

たという事実、さらには、スポーティングガゼット誌の1873年10月25日
の広告欄にジェームス・リリーホワイト社のバドミントン用具に関する販売
告の記事が掲載されていたという事実は大きな疑問を投げかけるものであろ
。初期のローカルルールの考案された年代や内容そして当時の情報伝達の時
的な速度からみても、バドミントンゲームはこれまでの誕生説のように劇的
生まれたとは考えにくい。むしろ主に1870年代から1880年代にかけて他
ゲームからの影響も受けながら当時の人々の手を経て徐々に進化していった
考えるのが自然であろう」と報告しています。

筆者も市販本や学術文献を資料としてバドミントンの起源についてまとめ
ことがあります。それによれば、バドミントン以前の遊戯（羽根突きの形
）は、12世紀頃のヨーロッパ（イギリスの王室の記録）で行われていたと
うのが最古のものでした。また、近代バドミントンの発生については、1844
に英国軍人によってインドの「プーナ」が本国のバスに伝わったというのが
古でした（髙山，1988）。しかしその当時、筆者が研究のために参照した文
の多くは、出典根拠が明らかにされていないという指摘もみられます（神田
，1984）。

いずれにしても、バドミントンの起源については、競技的な形態をとる以前
羽根突き遊び（バトルドール・アンド・シャトルコックなど）がその芽と考
られているものの、今のところ明確な資料は見当たりません。それは、大英
物館に所蔵されていた関係書物が第二次世界大戦によって破壊されたことに
きな原因があると考えられます（神田ら，1984）。つまり、バドミントンの
型と推測される遊戯が、いつ頃、どのような国々で、いかに発展し、現在の
うなバドミントンの形態になったのかは不明確といえます。

以上のことを踏まえた近代バドミントンの発生については、1893年にイ
グランドのハンプシャー州サウスシーでクラブ代表が会合し、統一ルー
を作成することに賛成した14のクラブによってバドミントン協会（The
dminton Association）が結成された頃とするのが妥当だと考えられます。

第1章　生涯スポーツとしての

⑥　スポーツ界の透明性、公平・公正性の向上

⑦　スポーツ界の好循環の創出

そして、今後5年間で総合的かつ計画的に取り組むべき施策

今後10年以内に子どもの体力が1985年ごろの水準を上回る

と、②では、できる限り早期に成人の週1回以上のスポーツ実

人、週3日以上のスポーツ実施率が3人に1人となること、

地域スポーツクラブの育成やスポーツ指導者・スポーツ施設の

こと、④では、夏季・冬季オリンピック競技大会における過去

ダル数の獲得・入賞者数の実現、⑤では、オリンピズムの根本

解に立って、国際競技大会等の積極的な招致を行うこと、⑥で

防止活動を推進するための環境整備やスポーツ団体のガバナン

と、⑦では、トップスポーツの伸長とスポーツの裾野の拡大を

における好循環の創出を目指すことなどが目標として掲げら

2012)。

## 2　バドミントンを理解するために必要な基礎的事

### (1)　バドミントン小史

#### 1)　国際バドミントン連盟設立以前

バドミントンの市販本類をみると、近代バドミントンの発生

うな記述が多くあります。「バドミントンは1820年代にイン

プーナ (Poona) で行われていた遊びを、イギリス駐留軍の

本国に紹介したものである。当時、プーナと呼ばれていたこの

ターシャー州のボーフォート卿の所領 (Estate) バドミント

た競技となり、その名称をとって名づけられた」(伊藤ら，1

池田，1984)。

しかしながら、このことについて疑問視した蘭ら (1996)

にかなり進んだルールが存在し英国内の出版社から書籍とし

第1章　生涯スポーツとしてのバドミントン　*9*

## 表 1-1　世界バドミントン連盟の加盟国等

| | Africa | Asia | Europe | Oceania | Pan Am |
|---|---|---|---|---|---|
| 1 | ALGERIA | AFGHANIST AN | ALBANIA | AUSTRALIA | ARGENT INA |
| 2 | BENIN | BAHRAIN | ARMENIA | COOK ISLAND | ARUBA |
| 3 | BOTSWANA | BANGLADESH | AUST RIA | FIJI | BARBADOS |
| 4 | BURUNDI | BHUTAN | AZERBAIJAN | FRENCH POLY NESIA | BERMUDA |
| 5 | CAMEROON | BRUNEI | BELARUS | GUAM | BRAZIL |
| 6 | CENTRAL AFRICAN REPUBLIC | CAMBODIA | BELGIUM | KIRIBATI | CANADA |
| 7 | CONGO | CHINA | BOSNIA AND HERCEGOVINA | NAURU | CAYMAN ISLANDS |
| 8 | DR CONGO | CHINESE TAIPEI | BULGARIA | NEW CALEDINIA | CHILE |
| 9 | EGYPT | HONG KONG | CROATIA | NEW ZEALAND | COLOMBIA |
| 10 | EQUAT ORIAL GUINEA | INDIA | CYPRUS | NORFOLK ISLAND | COSTA RICA |
| 11 | ERITREA | INDONESIA | CZECH REPUBLIC | NORTHERN MARIANAS | CUBA |
| 12 | ETHIOPIA | IRAN | DENMARK | SAMOA | CURACAO |
| 13 | GHANA | IRAQ | ENGLAND | TONGA | DOMINICAN REPUBLIC |
| 14 | IVORY COAST | JAPAN | EST ONIA | TUVALU | ECUADOR |
| 15 | KENYA | JORDAN | FAROE ISLAND | | EL SALVADOR |
| 16 | LESOTHO | KAZAKHST AN | FINLAND | | FALKLAND ISLANDS |
| 17 | LIBYA | KOREA | FRANCE | | FRENCH GUYANE |
| 18 | MADAGASCAR | KUWAIT | GEORGIA | | GRENADA |
| 19 | MALAWI | KYRGYZST AN | GERMANY | | GUAT BMALA |
| 20 | MAURITANIAN | LAOS | GIBRALT AR | | GUYANA |
| 21 | MAURITIUS | LEBANON | GREECE | | HAITI |
| 22 | MOROCCO | MACAU | GREENLAND | | HONDURAS |
| 23 | MOZAMBIQUE | MALAYSIA | HUNGARY | | JAMAICA |
| 24 | NAMIBIA | MALDIVES | ICELAND | | MARTINIQUE |
| 25 | NIGERIA | MONGOLIA | IRELAND | | MEXICO |
| 26 | REUNION | MYANMAR | ISRAEL | | PANAMA |
| 27 | SEYCHELLES | NEPAL | ITALY | | PARAGUAY |
| 28 | SIERRA LEONE | NORTH KOREA | LATVIA | | PERU |
| 29 | SOMALIA | PAKIST AN | LIECHT ENST EIN | | PUERTO RICO |
| 30 | SOUTH AFRICA | PALEST INE | LITHUNIA | | ST LUCIA |
| 31 | ST HELENA | PHILIPPINES | LUXEMBOURG | | SURINAME |
| 32 | SUDAN | QAT AR | MACEDONIA | | TRINIDAD AND TOBAGO |
| 33 | SWAZILAND | SAUDI ARABIA | MALTA | | U.S.A. |
| 34 | TANZANIA | SINGAPORE | MOLDOVA | | URUGUAY |
| 35 | TOGO | SRI LANKA | MONACO | | VENEZUELA |
| 36 | TUNISIA | SYRIA ARAB REPUBLIC | MONTENEGRO | | |
| 37 | UGANDA | TAJIKISTAN | NET HERLANDS | | |
| 38 | ZAMBIA | THAILAND | NORWAY | | |
| 39 | ZIMBABWE | TIMOR LESTE | POLAND | | |
| 40 | | TURKMENISTAN | PORT UGAL | | |
| 41 | | UZBEKIST AN | ROMANIA | | |
| 42 | | VIETNAM | RUSSIA | | |
| 43 | | | SCOTLAND | | |
| 44 | | | SERBIA | | |
| 45 | | | SLOVAKIA | | |
| 46 | | | SLOVENIA | | |
| 47 | | | SPAIN | | |
| 48 | | | SWEDEN | | |
| 49 | | | SWIT ZERLAND | | |
| 50 | | | TURKEY | | |
| 51 | | | UKRAINE | | |
| 52 | | | WALES | | |

（BWF の公式 Web サイトを基に作成した）

## 2) 国際バドミントン連盟設立以降

前述のバドミントン協会は、その後、イングランドバドミントン協会と改称しました。そして、1934年に世界的な組織として国際バドミントン連盟（International Badminton Federation=IBF ＊ただし、2006年から世界バドミントン連盟；BWF=Badminton World Federation と改称）が設立されました。それに参加した国は、イングランドをはじめとしてアイルランド、ウェールズ、オランダ、カナダ、スコットランド、デンマーク、ニュージーランド及びフランスの9カ国でした。以後、バドミントンはしだいに普及して1992年にはオリンピックの正式種目となり、現在では表1-1に示すように、全世界で183[1]の国や地域が加盟しています（BWF, 2016）。ちなみに日本バドミントン協会（NBA=Nippon Badminton Association）の設立は1946年、IBFへの加盟は1952年のことでした。

表1-2は、近代バドミントンの主な出来事を示しています。バドミントンで最も権威ある全英オープン選手権は、1898年に第1回大会が開催され、2010

表1-2　近代バドミントンの主な出来事

| 年 | 出来事 |
|---|---|
| 1898 | 第1回全英オープン選手大会（'All England' Championships）開催 |
| 1934 | 国際バドミントン連盟（IBF：International Badminton Federation）設立 |
| 1946 | 日本バドミントン協会（NBA：Nippon Badminton association）設立 |
| 1948 | 第1回トマス杯（Thomas Cup）開催 |
| 1948 | 第1回全日本総合バドミントン選手権大会開催 |
| 1956 | 第1回ユーバー杯（Uber Cup）開催 |
| 1977 | 第1回世界バドミントン選手権大会（World Championships）開催 |
| 1982 | 第1回ヨネックスオープンジャパン開催 |
| 1989 | 第1回世界国別対抗選手権（Sudirman Cup）開催 |
| 1992 | オリンピックバルセロナ大会で正式種目となる |
| 1992 | 第1回世界ジュニア選手権大会（World Junior Championships）開催 |
| 1996 | オリンピックアトランタ大会から混合ダブルス（mixed dobles）が採用される |
| 2006 | 世界バドミントン連盟（BWF：Badminton world Federation）に改称 |
| 2007 | 21点ラリーポイント制が始まる |
| 2007 | 第1回BWFスーパーシリーズ開催 |
| 2010 | 第100回全英オープン選手権大会開催 |

第1章 生涯スポーツとしてのバドミントン **11**

表 1-3 バドミントンの国別対抗選手権優勝国

| 回 | 開催年 | トマス杯 | 回 | 開催年 | ユーバー杯 |
|---|---|---|---|---|---|
| 1 | (1948-49) | マラヤ連邦 | | | |
| 2 | (1951-52) | マラヤ連邦 | | | |
| 3 | (1954-55) | マラヤ連邦 | | | |
| 4 | (1957-58) | インドネシア | 1 | (1956-57) | アメリカ |
| 5 | (1960-61) | インドネシア | 2 | (1959-60) | アメリカ |
| 6 | (1963-64) | インドネシア | 3 | (1962-63) | アメリカ |
| 7 | (1966-67) | マレーシア | 4 | (1965-66) | 日本 |
| 8 | (1969-70) | インドネシア | 5 | (1968-69) | 日本 |
| 9 | (1972-73) | インドネシア | 6 | (1971-72) | 日本 |
| 10 | (1975-76) | インドネシア | 7 | (1974-75) | インドネシア |
| 11 | (1978-79) | インドネシア | 8 | (1977-78) | 日本 |
| 12 | (1981-82) | 中国 | 9 | (1980-81) | 日本 |
| 13 | (1984) | インドネシア | 10 | (1984) | 中国 |
| 14 | (1986) | 中国 | 11 | (1986) | 中国 |
| 15 | (1988) | 中国 | 12 | (1988) | 中国 |
| 16 | (1990) | 中国 | 13 | (1990) | 中国 |
| 17 | (1992) | マレーシア | 14 | (1992) | 中国 |
| 18 | (1994) | インドネシア | 15 | (1994) | インドネシア |
| 19 | (1996) | インドネシア | 16 | (1996) | インドネシア |
| 20 | (1998) | インドネシア | 17 | (1998) | 中国 |
| 21 | (2000) | インドネシア | 18 | (2000) | 中国 |
| 22 | (2001-02) | インドネシア | 19 | (2002) | 中国 |
| 23 | (2004) | 中国 | 20 | (2004) | 中国 |
| 24 | (2006) | 中国 | 21 | (2006) | 中国 |
| 25 | (2008) | 中国 | 22 | (2008) | 中国 |
| 26 | (2010) | 中国 | 23 | (2010) | 韓国 |
| 27 | (2012) | 中国 | 24 | (2012) | 中国 |
| 28 | (2014) | 日本 | 25 | (2014) | 中国 |
| 29 | (2016) | デンマーク | 26 | (2016) | 中国 |
| 30 | (2018) | 中国 | 27 | (2018) | 日本 |

（BWF の公式 Web サイトを基に作成した）

年には100回目を迎えました。その第106回大会（2016年）で日本の女子選手が久しぶりに優勝しました。シングルスの奥原希望選手とダブルスの高橋礼華選手・松友美佐紀選手ペアです。シングルスは湯木博恵選手以来39年ぶり、ダブルスは徳田敦子選手・高田幹子選手ペア以来38年ぶりという快挙です。

バドミントンの世界大会としては、まず2年に1度開催される男女の国別対抗戦の「トマス杯」と「ユーバー杯」をあげることができます。前者は男子の世界一を決めるもので、名プレイヤーでなおかつ初代IBF会長として21年間在職したジョージ・トマス卿の功績をたたえ創設されました（関ら，1989）。後者は女子の世界一を決めるもので、これは1930年代に活躍した伝説の名プレイヤー、ベティー・ユーバーによって寄贈されたカップの冠大会です。参考までに、「トマス杯」と「ユーバー杯」の優勝国を表1-3に示します。「ユーバー杯」における日本チームの3連覇を含む5回の優勝は後世にも引き継ぎたい偉業です。2014年には、「トマス杯」で念願の初優勝を成し遂げました。また2018年には、「ユーバー杯」を久々に獲得しました。さらに全英オープン選手権やヨネックスオープン、オリンピック等をあげることができます。オリンピックについては、国際的な発展に伴って1972年のオリンピックミュンヘン大会と1988年のオリンピックソウル大会では公開競技、そして、オリンピックバルセロナ大会（1992年）からは正式種目に採用されています。

## （2）バドミントンの用具と服装、及びコート

### 1）ラケット

ラケットは改良が進んでいます。初期の材質は木製でした。それがフレーム（ラケット頭部の丸い部分）については、メタルやグラファイト（カーボン）といった製品になっています。現在、最も高価で軽量なものは、フルカーボン製で75グラム程度の重さしかありません。

長さや大きさの規定は、以前にはなかったのですが、現在の競技規則第5条によれば、長さ68cm以内、幅23cm以内となっています。ラケットのヘッド部分の長さは29cm以内、またストリングス（以下「ガット」と略す）を張り上げた面の縦の長さは28cm、幅は22cm以内となっています。

ラケットの選び方には、振りやすさ、握りやすさ及び価格などありますが、最初は経験者やスポーツ店の方に相談したほうが良いでしょう。

ガットとは、ラケットの面に張られた糸のことです。素材についての規定はありませんが、一般的にはナイロンなどの合成品が使われています。以前には、羊の腸から作ったシープガットが使われていたこともありました。しかし、高価なのであまり使われなくなったと考えられます。古来のラケットには、羊皮紙が張られていました。この名残がシープなのかもしれません。ガットは、道具があれば誰でも張ることができます。しかし最初は、張り上がっているラケットを購入するか、スポーツ用品店の方に張ってもらうのが良いでしょう。近年では、バドミントン専用の比較的安価な張り上げ機も市販されています。

### 2）シャトル

シャトルは、16枚の羽根をコルク台に取り付けた重さ5グラム前後のものです。羽根の素材は、大きく分けて天然とナイロン合成があります。天然は水鳥と陸鳥のものですが、公式戦で使われる公認球は、すべて水鳥（ガチョウやアヒル）の羽根からできています。2羽の鳥から1個のシャトルしか作れないといわれています。羽根の長さは、6.4cm〜7cmの範囲までとなっています。シャトルごとの羽根の長さは、同じでなければなりません。コルク台の直径は2.5cm〜2.8cmで、底は丸くするなどの規定があります（競技規則第2条）。

一般的にシャトル代金は、クラブなどの運営費の大半を占めているものと考えられます。したがって、練習にはナイロンシャトルや羽根が破損した天然シャトルも使うようにしたほうが良いでしょう。初心者、小・中学生及びレディースなどは、天然よりも丈夫で経済的なナイロンシャトルが多く使われています。なお、ナイロンシャトルを力強く打った場合には、羽根とコルク台の接合部が外れることもあります。

### 3）シューズ及びウエア

体育館などの室内で行う場合は、室内専用のシューズを用意したほうが良いでしょう。スポーツシューズの開発が進んでいるために、バドミントン用が市販されています。メーカーによって特徴は異なりますが、要は通気性に富み、足にフィットするものを選ぶようにしましょう。その際、やや厚手のソックス

を履いて合わせたほうが良いです。バドミントンは、思いのほか足に負荷がかかるため、靴ずれやマメができないように留意する必要があります。

ウエアについては、大会運営規定（23条）があります。以前は、上下とも白色系を義務づけていましたが、現在は色つきが可能となっています。その場合、競技の品位を保つために「審査合格品」という条件があります。しかし、この規定が適用されるのは、ある程度の公認大会に出場する場合です。練習や地域の小さな大会での上衣は、ポロシャツやTシャツ、下衣はジャージ、短パン、スカート及びワンピースなどが好ましいと考えられます。いずれにしても、清潔で動きやすいものを着用したほうが良いのは確かです。

　4）支柱（ポスト）及びネット

　支柱にネットを張った状態の床面からの高さは、両端が1.550m、中央が1.524mと規定されています。ネットの高さは760mmです（図1-2）。

　5）コート

　図1-3は、バドミントンコートを示しています。コートは縦が13.400m、横が6.100m（シングルスは5.180m）からなる長方形です。ラインの幅は4cmとなっており、色は白または黄色であることが望ましいとされています。バドミントンの技術には、コートの大きさ（長さや幅など）を判断する力もあります。コートのラインは、それらの感覚を身につける上で大切なものと考えられます。

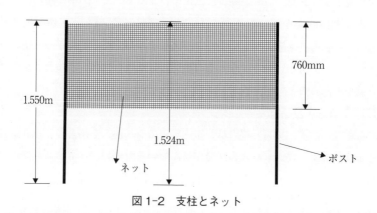

図1-2　支柱とネット

第1章　生涯スポーツとしてのバドミントン　15

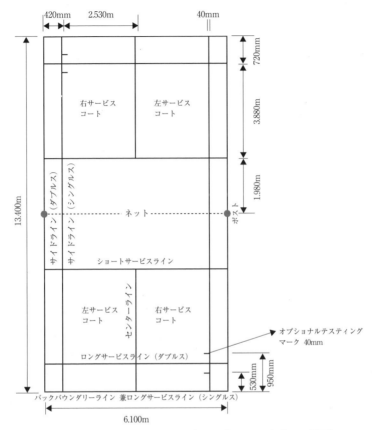

図1-3　バドミントンコート（シングルス・ダブルス兼用）

　バドミントンのルールには、「エンドの交替」（第8条）というものがあります。これは、(1) 第1ゲームを終了したとき、(2) 第2ゲームを終了したとき（第3ゲームを行う場合）、(3) 第3ゲームで、どちらかのサイドが最初に11点に達したとき、プレイヤーがネットに挟まれたコートの半面（エンド）を交替することです。「チェンジコート」や「コートチェンジ」と誤った言い方をする人もいますが、バドミントンでは「チェンジエンズ」（Change ends）と審判はコールします。

## (3) 主要な球技の競技人口（推計）

図1-4は、我が国の主要な球技の日本協会（連盟）登録者数を示しています。これは日本サッカー協会、日本ソフトテニス連盟、日本バレーボール協会、日本卓球協会並びに日本バドミントン協会の公式Webサイトに掲載されていた2014年度末現在の数です。ただし、日本バレーボール協会については2010年度末のものです。これらを日本バドミントン協会（2012）がまとめたものと比較してみますと、いずれの球技ともに登録者数が増加しているものの、順位は変わっていません。それらの報告は2009年度末現在のものですが、ソフトテニスと卓球に比べて、中学生の登録者数が少ないことをあげています。同報告をみますと、小学生・中学生及び高校生で全体の70%を超えています。そのうち、中学生は30%程度を占めています。現在、子供の数が減少傾向にあり、中学・高等学校での部活動の存続が厳しいところもあります。中学生と高校生の登録者数は、頭打ちになっていると考えられます。報告でも指摘していますように、大学生の登録者数を増やすことのほうが解決策になるかもしれません。ただし、大学生が日本協会に登録する人数は現状維持ができれば良いでしょう。それよりも筆者は、登録制度に根本的な欠点があると考えています。群馬県の例でいえば、日本協会に登録しなければならない学生団体は、関東学生バドミントン連盟に加入している大学です。それらの大学は、群

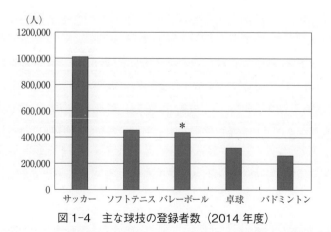

図1-4　主な球技の登録者数（2014年度）

馬県バドミントン協会と関東学生バドミントン連盟並びに全日本学生バドミントン連盟に登録すると同時に、日本バドミントン協会に登録しなければなりません。これらすべての組織に、毎年登録料を納めることが条件となっているのです。団体登録料と個人登録料を合わせると相当の高額になり、経済的に苦しい学生団体にとっては負担が大きいです。一方、関東学生バドミントン連盟に加入しない大学のサークル団体等は、県・市町村のバドミントン協会等に年間登録して参加費を払えば、全国に繋がっていない大会のほとんどが出場できます。なかには、大会参加費を払うだけで年間登録料は納めなくても出場できる大会もあります。

　生涯スポーツとしてバドミントンを行っている愛好者たち（大学のサークルメンバーを含む）にとっては、健康づくりや体力向上、あるいはストレス発散やコミュニケーションを図ることなどが目的と考えられます。つまり大会出場が目的ではなく、週に1回または2回程度、同好の士と身体を動かすことが目的なのです。各スポーツ競技団体にとっては、年間登録料が主な収入源であることは十分承知しています。けれども、生涯スポーツには、そのスポーツに魅力を感じて自らが行ったり、他者のプレイをみて感動したりすることなど、さまざまな楽しみ方があるので、登録制度については再検討したほうが良いと思います。


## 3　ラケットの握り方とコート内でのラケット操作法

　以下の写真は、筆者がデジタル一眼レフカメラで撮影した連続写真の一部です。構えや動き方の一例をあげておきました。撮影は共愛学園前橋国際大学体育館において行い、本学の競技バドミントンクラブに所属していた右利きの男子2名（4年生：根岸翔君と中里恭介君）が協力してくれました。

### （1）ラケットの握り方
　最初に習得したい基礎技術は、ラケットの握り方（grip）だと考えられます。しかしながら、初心者の多くは、フライパンの取っ手を握るような grip（写

真1-1左上）になる傾向がみられます。ラケットは、手首を立てるようなリストスタンド（写真1-1右上）と呼ばれる構えにすると良いでしょう。そして、長らくバドミントンをプレイしたいのであれば、次のような留意点を理解した上でgripを習得してください。

　テニスのgripはイースタンやウエスタンと呼んでいますが、バドミントンもそのように呼ぶのが一般的でした。しかし、最近では外国文献をはじめとして、フォアハンド（grip）及びバックハンド（grip）と呼ぶほうが多いと考えられます。筆者はラケットの外枠（frame）が床に対して垂直になるように握り、打つラケット面（face：ラケットのガットを張ってある部分）が手の平側になる時のgripをフォアハンド、反対に手の甲側になる時のgripをバックハンドと呼ぶようにしています。スイング前にラケットを保持して構えている時は、小指と薬指は力強く握り、その他の3指は支える感じで軽く握っています。そして、テイクバックなどのスイングが始まれば、すべての指で力強く握る感じになります。なおバックハンド時の親指は、第1関節に力を入れて立てるようにすると良いでしょう。これは、「サムアップ」（写真1-1下）と呼ばれているものです。いずれにしても、常に同じgripではなく、ストロークに合わせて力の入れ具合を変えるほうが実戦的といえます（岸，2010, pp.13-14）。

## （2）サービスの種類

　サービスは、サーバーがラケットでシャトルを打ち出すことです。ラリーは、サービスをレシーバーが打ち返すことで始まります。もちろん、ネットに引っ掛けたり、甘く浮いたりした場合には、レシーバーに打ち込まれて失点となって、サービス権が相手側に移ることになるでしょう。サービスには、ショート（写真1-2, 3）とロング（写真1-4）があります。前者は、ショートサービスライン付近に立って構え、レシーバー側のショートサービスライン付近を狙います。打ち方には、フォアハンドとバックハンドがありますが、近年ではバックハンドが多用されています。後者は、ほとんどがフォアハンドで打たれ、男女のシングルスで多用されていましたが、近年では男子においてはほとんど使わなくなっています。また、ショートとロングの中間として、フリッ

ク（写真1-5, 6）と呼ばれるサービスがあります。これは、レシーバーの前進の裏をかくようにライナー性のフライトでダブルスのロングサービスライン付近を狙うものです。

## （3） ストロークの種類

　筆者はラケットでシャトルを打つ動作を「ストローク」、ストロークによって生み出されるシャトルの飛行（フライト）を「ショット」と定義しています（岸，2010, p.10）。ストロークは、シャトルを打つときに使うラケット面やラケットを振る高さ及び位置によって分類できます。まず、「フォアハンド」と「バックハンド」があります。前者は、ラケットを握る手の平側のラケット面（フォア面といいます）を使って打つものです。後者は、ラケットを握る手の甲側のラケット面（バック面といいます）を使って打つものです。また、頭頂よりも上の位置でシャトルを捉え、ラケットの面が返された場合が「オーバーヘッド」、腰の高さより下から振り出されてシャトルを捉え、ラケットの面が返された場合が「アンダーアーム（アンダーハンド）」です。その中間位置あたりで捉えて振り出されたものが「サイドアーム（ハンド）」です。

## （4） シャトルのフライトからみたショット

　図1-5は、左から打たれたショットについて、横からみたシャトルの飛行軌跡を示しています。①はヘアピン（写真1-7）、②はロブ（ロビング）（写真

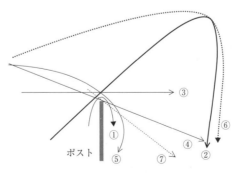

図1-5　ショットの軌跡

1-8, 9)、③はドライブ（写真 1-10, 11）、④はスマッシュ（写真 1-12, 13 は、ダイナミックなジャンピングを伴った例です）、⑤はドロップ（写真 1-14, 15）及びカット（写真 1-16, 17）、⑥はクリア（写真 1-18, 19 は、最も高く遠くに飛ぶハイクリアの例です）、並びに⑦がプッシュ（写真 1-20, 21）と呼ばれています。詳細については、4 章 2 節と 5 章 2 節をご覧ください。

## （5）サービスとショットに対するレシーブ（リターン）

　サーバー（サービスを打つ人）のサービスに対して、レシーバー（サービスを返球する人）はサービスコート（図 1-3 参照）に入るかどうかを見極める判断力が求められます。ただし、コート外であってもレシーバーがリターンすればプレイは続きます。ショートサービスに対しては、ネット付近に落とすヘアピンやシャトルが高くなった場合のプッシュなどのリターンショットが考えられます。

　試合では、相手のショットの種類と方向・速度・落下点などを瞬時に判断してレシーブの準備をしなければなりません。初速度が 400km を超えるようなスマッシュに対しても同様なことがいえます。写真 1-22, 23 は、ネット付近に上がったシャトルがプッシュされた場合を想定したプッシュレシーブです。また、スマッシュレシーブが写真 1-24, 25 です。スマッシュに対しては、膝の屈伸運動を伴いながらしっかりと構えて、リターンすると良いでしょう。ほとんどのレシーブ場面では、フォアハンドよりもバックハンドのほうが使われます。

## （6）コート内での移動法

　バドミントンは、コートをネットで 2 分して行うネット型スポーツです。ネット型スポーツは、対人スポーツと違って、相手（対戦者）と接触することがありません。ルール上では、接触するどころか、ネットを越えたり、センターラインを越えて踏み出したりするだけで違反（フォルト）になります。

　バドミントンでは、相手（対戦者）からのサービスやショットに対応できるように、コート内を素早く移動できるように日頃からトレーニングする必要が

あります。ここで紹介するコート内の移動法（トラベリングまたはフットワークといいます）は、厳密にいえば、コートの半面すなわちエンドを移動するための基礎的なものです。エンドの中心辺りからスタートして、右斜め前（写真1-26）、真ん中前、左斜め前（写真1-27）、右横（写真1-28上）、左横（写真1-28下）、右斜め後（写真1-29）、真ん中後、左斜め後（写真1-30）の8方向に進んで戻ります。真ん中前後は省略しました。

　フライパングリップ　　　リストスタンドができていない　リストスタンドができている

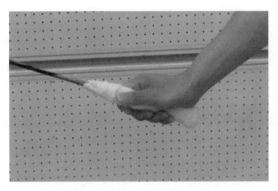

サムアップ

写真1-1　ラケットの握り方

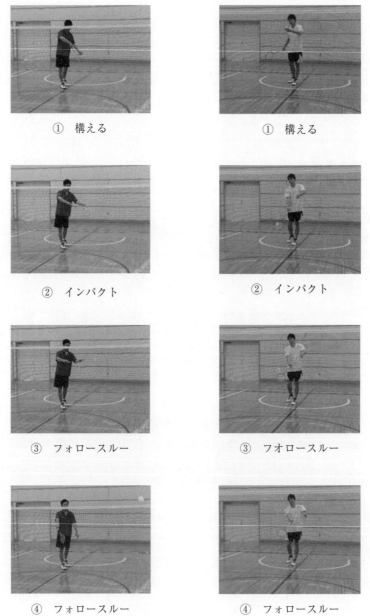

写真 1-2 ショートサービス（バック）　写真 1-3 ショートサービス（フォア）

第1章 生涯スポーツとしてのバドミントン　23

① シャトルを放す（テイクバック）

① シャトルを放す（テイクバック）

② フォワードスイング

② フォワードスイング

③ インパクト

③ インパクト

④ フォロースルー

写真 1-4　ロングハイサービス（フォア）

④ フォロースルー

写真 1-5　フリックサービス（フォア）

① 構える

② シャトルを放す

③ フォワードスイング

④ インパクト

⑤ フォロースルー

写真 1-6　フリックサービス（バック）　　　写真 1-7　ヘアピンの応酬

第1章 生涯スポーツとしてのバドミントン　25

① 踏み出す

① 踏み出す

② 踏み込む（踵から）

② 踏み込む（踵から）

③ フォワードスイング

③ フォワードスイング

④ インパクト

④ インパクト

⑤ フォロースルー

⑤ フォロースルー

写真 1-8　ネット前ロブ（フォア）　写真 1-9　ネット前ロブ（バック）

写真 1-10 ドライブ（フォア）　　写真 1-11 ドライブ（バック）

第1章　生涯スポーツとしてのバドミントン　*27*

①　落下点で構える

②　ジャンプ直後

③　最高到達点

④　ラギングバック

⑤　フォワードスイング

⑥　インパクト

⑦　フォロースルー

⑧　着地

写真 1-12　ジャンピングスマッシュ（フォア）

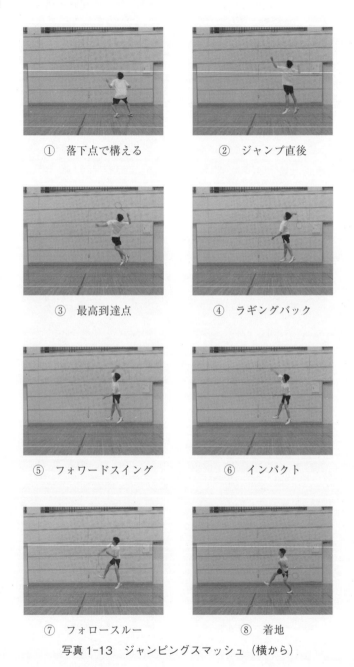

写真1-13 ジャンピングスマッシュ（横から）

第1章 生涯スポーツとしてのバドミントン　29

① 落下点に移動して構える　　① 落下点に移動して構える

② テイクバック　　　　　　② テイクバック

③ フォワードスイング　　　③ フォワードスイング

④ インパクト　　　　　　　④ インパクト

⑤ フォロースルー　　　　　⑤ フォロースルー

写真1-14　ドロップ（フォア）　写真1-15　ドロップ（横から）

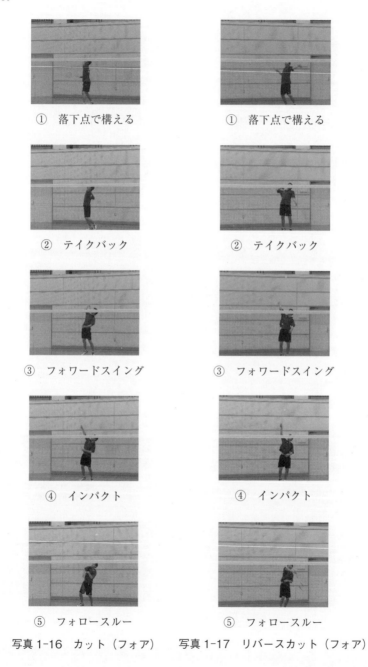

写真 1-16 カット（フォア）　　写真 1-17 リバースカット（フォア）

第1章　生涯スポーツとしてのバドミントン　*31*

① 落下点で構える

① 落下点で構える

② ラギングバック

② ラギングバック

③ フォワードスイング

③ フォワードスイング

④ インパクト

④ インパクト

⑤ フォロースルー

⑤ フォロースルー

写真 1-18　ハイクリア（フォア）　　写真 1-19　ハイクリア（フォア）横から

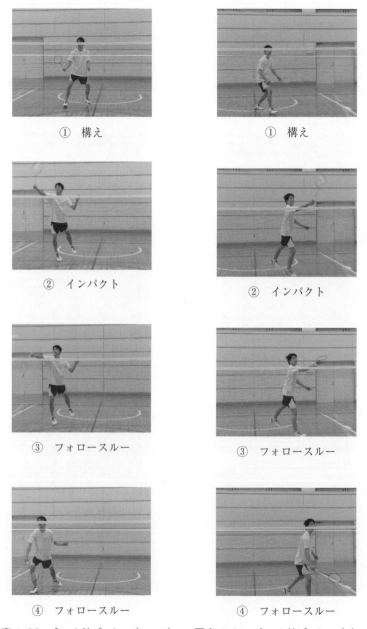

写真 1-20　ネット前プッシュ（フォア）　写真 1-21　ネット前プッシュ（バック）

第1章　生涯スポーツとしてのバドミントン　*33*

① 構える

① 構える

② テイクバック

② テイクバック

③ フォワードスイング

③ フォワードスイング

④ インパクト

④ インパクト

⑤ フォロースルー

⑤ フォロースルー

写真 1-22　プッシュレシーブ（フォア）　　写真 1-23　プッシュレシーブ（バック）

*34*

① 移動（最初の一歩）

① 構えて待つ

② 踏み込み（踵から）

② 判断する

③ 小さなテイクバック

③ テイクバックと体勢変化

④ インパクト

④ インパクト

⑤ フォロースルー

⑤ フォロースルー

写真 1-24　スマッシュレシーブ（フォア）　　写真 1-25　スマッシュレシーブ（バック）

第1章 生涯スポーツとしてのバドミントン 35

写真1-26 斜め前フォア側へのトラベリング（フットワーク）

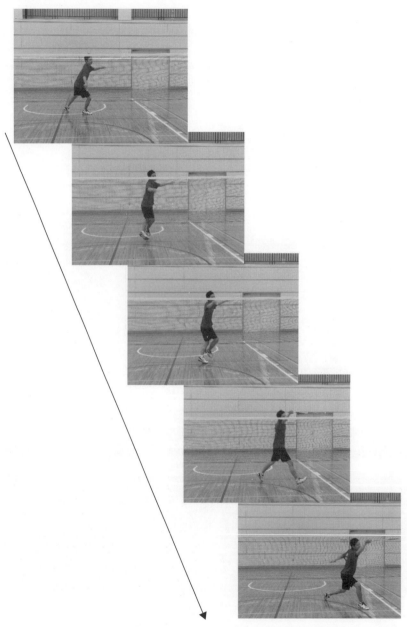

写真1-27 斜め前バック側へのトラベリング（フットワーク）

第1章 生涯スポーツとしてのバドミントン　37

センターからフォア側へのトラベリング

センターからバック側へのトラベリング

写真1-28　横方向を想定したトラベリング（フットワーク）

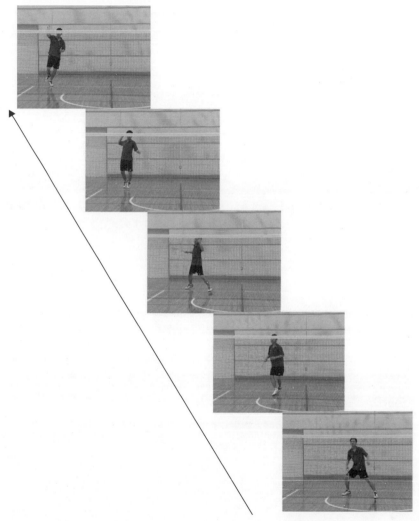

写真1-29 斜め後ろフォア側へのトラベリング（フットワーク）

第1章 生涯スポーツとしてのバドミントン　39

写真1-30　斜め後ろバック側へのトラベリング（フットワーク）

# 第2章

# 生涯スポーツ論からみたバドミントンの
# 4つの楽しみ方

## 1 行うバドミントンの楽しみ方

### （1） 我が国への移入時期と学校体育での取り扱い

　我が国に競技としてのバドミントンが紹介されたのは、1930年代にYMCA
の体育主事が欧米視察から帰国した後といわれています（兵藤，1972；松田，
1980）。しかしながら、近年の研究（吹田，2003）では、1919年11月に名古
屋YMCAにおいて、アメリカ人のBrownが正規のルールによる「第1回体
育指導者講習会」を指導したようです。一方、学校体育におけるバドミントン
についてみますと、昭和20年代に中学校の選択教材として取り上げられたこ
とがあります。けれども、当時流行したレクリエーションや軽スポーツの1つ
として安売りされたために、（初歩的段階の指導がほとんど行われず）ラケッ
ト及びシャトルの損傷が激しくて費用がかかりすぎ、教材としては不適切だと
いうことになり、削除された経緯があります（伊藤，1971）。その後、中学校
第3学年の「球技」種目の代替（1969年、中学校学習指導要領）として復活
しました。さらに、学校や地域の実態を考慮して加えることができるようにな
り（1977年・中学校、1978年・高等学校）、改訂の学習指導要領（1988年・
中学校、高等学校）では「球技」種目の1つに加えられました。特に高等学校
では、「個性を生かす教育と生涯体育・スポーツの基礎づくりの観点から、運
動種目を生徒が選択して履修できるようにすることを重視している」（髙山，
1997）といわれています。

## （2） 行うバドミントンを楽しむために必要な練習プログラムの体系化

バドミントンを「行い」楽しむためには、第1に、バドミントンの技術の指導体系に基づいた学習プログラム（ドリルを含む）が構築されていることが大切です。それは、すべてのスポーツ（種目）で必要なことだと考えられますが、体系化するのは容易なことではありません。例えば、ラケットを握る以前の段階でどのような練習（学習）が望ましいのか明らかではありません。また、ストロークやショットの指導過程についても明確なプログラムがあるわけではないのです。それらのことを筆者ら（1993, 1996）は指摘しましたが、当時は具体的なプログラムの提示ができませんでした。その後、実践研究の成果を日本スポーツ方法学会（2003, 2004）において発表したので、一部を紹介します。

まず、バドミントンの基礎技術には、ラケットの握り方（grip）があげられます。テニスではイースタングリップやウエスタングリップと呼んでいますが、バドミントンもそのように呼ぶのが一般的でした。しかし阿部と渡辺（1985）、髙山（1995）、Edwards（1997）及び飯野（2001）等はフォアハンド及びバックハンドと呼んでいます。筆者はラケットの外縁（frame）が床に対して垂直になるように握り、ラケットの面（face）が手の掌側になる時の握り方をフォアハンド、反対に手の甲側になる時の握り方をバックハンドと呼んでいます。なおバックハンド時の親指は、第1関節に力を入れて立てるようにする（一般的にサムアップと呼ばれている）と良いでしょう。いずれにしても、常に同じ grip ではなく、ストロークに合わせて適宜変えるほうが実戦的です。

次に個人的技術の3要素としては、サービス（service）、ストローク（stroke）及びフットワーク（footwork）をあげることができます。サービスは、フライト（flight）の距離によって、ショート（short）[1]とロング（long）の2系に大別されます。ただし、ロングサービスライン付近を狙って（＊高さは、レシーバーのラケットが届かないくらいで頭上を素早く飛び越えるもの）打つものに、ドリブンまたはフリックといわれるものもあります。

ストロークはラケットでシャトルを打つことであり、テイクバックからフォ

ワードスイングを経てインパクトを迎え、フォロースルーまでの一連の動作をいいます。ストロークにはフォアハンドとバックハンドがあり、ラケットスイングの軌道とインパクトポイントなどからアンダーアーム、サイドアーム及びオーバーヘッドの3系になります。

　また、表2-1に示すアンダーアームストロークの練習課題（ドリル）は、拙著（1995）をもとに大学の授業等で実践したものをまとめたものです。これらの指導上の重要な留意点には、課題ごとの達成規準を設定することがあげられます。課題2であれば、フォアハンドが30回程度連続して突けたら、バックハンドに進めるようにします。しかし授業では、全員が一斉にそれを達成することは至難です。授業のように限られた時間の中で練習（学習）する場合に生じる個人差は、個々の体力レベルや運動経験の違いが、習得しようとする技術の習熟にも影響するからです。本来的には、1つひとつの課題の規準を達成してから次の課題に進むほうが習熟も早いため、このプログラムは易しい課題から難しい課題へと体系的に組んでいるつもりですが、まだまだ修正が必要だと考えています。

　トラベリング（フットワーク）は、シャトルのフライトに応じて自陣のエンド（＊バドミントンでは、コートとはいわない）を移動することです。ダブルスではペアとのコンビネーションも要求されますが、瞬時に判断して爆発的に動けること（敏捷性）はバドミントンプレイヤーに欠かせない資質だと考えられます。

　第2に大切なものは、第1で明らかになった基礎技術をしっかり身につけることです。これは、じっくり時間をかけて練習（学習）した結果としての基礎技術の獲得（習得）が、より発展した（高度な）技術の習得に繋がるからです。じっくりというのは、与えられた課題をずっと練習するという意味ではなく、体系化されたいくつもの課題をいわば、「スモールステップ」の原理・原則で、1つひとつ達成させていくような方法をいいます。ただし自分の身体の動かし方を意識して、課題に取り組めるようになるための学習訓練（練習）も同時に必要だと考えられます。

表2-1　アンダーアームストロークの練習課題（ドリル）

| |
|---|
| 1. シャトルをラケットにのせる（ネット無）〈forehand, backhand〉 |
| 2. その場シャトル突き（〃）〈forehand, backhand, fore and back〉 |
| 3. その場高低突き（〃）〈forehand, backhand, fore and back〉 |
| 4. 歩行シャトル突き（〃）〈forehand, backhand, fore and back〉 |
| 5. 小走りシャトル突き（〃）〈forehand, backhand, fore and back〉 |
| 6. 2人組シャトル突き（〃）〈forehand, backhand〉 |
| 7. 4人組シャトル突き（〃）〈forehand, backhand〉 |
| 8. 2人組シャトル突き（弛ませたネット）〈forehand, backhand〉 |
| 9. 2人組シャトル突き（張ったネット）〈forehand, backhand〉 |
| 10. ヘアピンにつなげる（〃）〈forehand, backhand, fore and back〉 |
| 11. ヘアピン（〃）〈forehand, backhand, fore and back〉 |
| 12. ショートサービスにつなげる（弛ませたネット）〈forehand, backhand〉 |
| 13. ショートサービス（張ったネット）〈forehand, backhand〉 |
| 14. その場シャトル拾い（ネット無）〈forehand, backhand〉 |
| 15. その場シャトルホールド（〃）〈forehand, backhand〉 |
| 16. 2人組シャトルホールド（〃）〈forehand, backhand〉 |
| 17. 2人組シャトルホールド（弛ませたネット）〈forehand, backhand〉 |
| 18. 2人組シャトルホールド（張ったネット）〈forehand, backhand〉 |
| 19. ロングハイサービスにつなげる（〃）〈forehand〉 |
| 20. ロングハイサービス（〃）〈forehand〉 |
| 21. ネット前ロビングにつなげる（〃）〈forehand, backhand〉 |
| 22. ネット前ロビング（〃）〈forehand, backhand〉 |

　〈補説〉上記1～22のドリルについて、各ねらいと次へ進むための観点を述べます。

1. ねらい；シャトルをラケット面にのせて落とさない状態が保てる。ステップの観点；フォア面とバック面とも落とさないで10秒保持できたら次へ。

2. ねらい；その場で安定した直上シャトル突きができる。ステップの観点；①ラケットの両面を交互に使って、その場直上突きが連続30回できるかどうか。②ラケットが腰の位置あたりで安定しているかどうか。

第 2 章　生涯スポーツ論からみたバドミントンの 4 つの楽しみ方　*45*

3. ねらい：その場での直上シャトル突きの発展として、ラケットにシャトルが当たる瞬間に力強く打ったり、力を抜いて打ったりできる。ステップの観点：ラケットの両面を交互に使って、高く打ったり低く打ったりして連続 30 回できるかどうか。

4. ねらい：歩きながらでも安定した直上シャトル突きができる。ステップの観点：①ラケットの両面を交互に使い、シャトルを突きながら 20 〜 30 m歩けるかどうか。②踏み出した足と後足の位置関係及び移動法ができるかどうか。

5. ねらい：小走りしながらでも安定した直上シャトル突きができる。ステップの観点；①ラケットの両面を交互に使い、シャトルを突きながら 15 〜 25 m小走りできるかどうか。②踏み出した足と後足の位置関係及び移動法ができるかどうか。

6. ねらい：2 人組によるその場シャトル突きが安定してできる。ステップの観点：2 人組で連続 30 回突けるかどうか。

7. ねらい：4 人組で四角形をつくり、順番にシャトル突きができる。ステップの観点：4 人組で連続 30 回突けるかどうか。

8. ねらい：ネット際に落とされたシャトルをパートナーのネット際へ返すことができる。ステップの観点：パートナーの打ったシャトルをネットにかけず 30 回連続（両面とも）突き合えるかどうか。

9. ねらい：ネットをしっかり張る。ネット際に落とされたシャトルをパートナーのネット際へ返すことができる。ステップの観点：パートナーの打ったシャトルをネットにかけず 30 回連続（両面とも）突き合えるかどうか。

10. ねらい：動きをともなったヘアピンができる。ステップの観点：フライトに応じたヘアピンができるかどうか。

11. ねらい：動きをともなった、よりタッチの速いヘアピンができる。ステップの観点；フライトに応じたタッチの速いヘアピンができるかどうか。

12. ねらい：バックハンドからのショートサービスができる。ステップの観点：ネットの上端を 15cm 以内で通過するバックハンドのショートサービスで、合計 20 回打てたかどうか。

13. ねらい：腰のラインよりも下でインパクトしたショートサービスができる。ステップの観点：コート上の狙った位置にバックハンドのショートサービスで、合計 20 回打てたかどうか。

14. ねらい：ラケット面をできるだけ立てた状態で、床にあるシャトルが拾える。ステップの観点：フォア及びバックハンドとも、連続 3 回拾い上げることができるかどうか。

15. ねらい：軽く突き上げたシャトルの落下中を保持できる。ステップの観点；ラケットの両面について、それぞれ連続 5 回保持できるかどうか。

16. ねらい；5〜6m 離れて向い合ったパートナーに、アンダーアームストロークで打てる。ステップの観点；ラケットの両面について、それぞれ合計 5 回保持できるかどうか。

17. ねらい；向い合ったパートナーが打ったシャトルを保持できる。ステップの観点；①ラケットの両面について、それぞれ連続 5 回保持できるかどうか。②パートナーに対して、適切なフライトが打てるかどうか。

18. ねらい；パートナーが後方に打ったシャトルを保持できる。ステップの観点；①ショートサービスラインからダブルスのロングサービスライン付近まで、フォアのアンダーアームストロークによって飛ばせるかどうか。②素早く後ろにさがり、ラケットの両面について、それぞれ連続 5 回保持できるかどうか。

19. ねらい；ショートサービスライン付近からのアンダーアームストロークで、向いエンドのロングサービスライン（ダブルス）付近まで飛ばすことができる。

20. ねらい；ショートサービスライン付近からアンダーハンドで打ち出し、向いエンドのロングサービスライン（ダブルス）とバックバウンダリーラインの間に入れられる。ステップの観点；ロングハイサービスを打ち、狙った場所に 20 球中 10 球以上、入れることができるかどうか。

21. ねらい；ネット付近から向いエンドの後方まで、アンダーアームストロークにより返球できる。ステップの観点；20 球中 15 球以上は、ロングサービスライン（ダブルス）よりも後方に打てるかどうか。＊バックバウンダリーラインを越えても良い。

22. ねらい；ネット付近から向いエンドのロングサービスラインとバックバウンダリーラインの間に返球できる。ステップの観点；ロングサービスライン（ダブルス）とバックバウンダリーラインの間に 20 球中 10 球以上、入れることができるかどうか。

　図 2-1 は、プレイで必要な技術の習熟過程モデルを示したものです。たて軸は技術の達成水準、横軸は習熟度としました。練習を始めたばかりの初心者の技術は、他のスポーツと同様に荒削りで、練習課題を正確にこなすまでには至りません。つまり達成水準が低いといえます。しかしながら適切な指導プログラムの下、前述したような方法で練習課題（ドリル）に取り組むと、それらの技術も習熟して質的に高まっていきます。さらに練習やトレーニングを積み、より高度な技術を獲得することやたくさんのゲームなどを経験することで、中級者や上級者にステップアップしていきます。また指導者は、個々の身体の発育・発達や体力レベルに応じてプログラムを適切にアレンジする必要があります。すなわち、次項で述べるような指導者の資質の有無にも影響されると考えられます。

第2章　生涯スポーツ論からみたバドミントンの4つの楽しみ方　47

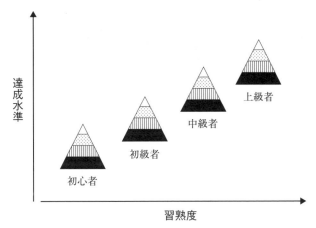

図2-1　バドミントンで必要な技術の習熟過程モデル

　第3に大切なのは、体育館等の運動施設がいつでも利用でき、しかも一緒に楽しむ仲間がいることで、スポーツ活動への参加に張り合いを持つことです。バドミントンの競技特性としては、前述した中から「ラリーが続くこと」を真っ先にあげます。屋外で羽根つきのようなバドミントン（以下「羽根つきバド」と略す）を行っている場合でも、風に煽られてラリーがほとんど続かない状態では楽しめません。たとえ「羽根つきバド」であっても、室内のほうが楽しさは倍増します。現状では、行いたい時に安価で借りられる体育館や気軽に参加できるような行事・イベントは少ないです（中ほか，1993）。したがって、公共運動施設や学校施設の利用・開放時間の拡充、企業の体育館や運動施設をいっそう地域社会に開放することが求められます[2]。

　また、有資格のスポーツ指導員が配置されている「総合型地域スポーツクラブ」[3]が増えれば、これまでのような問題も多少解消されていくと考えられます。ちなみに、2006年度現在の群馬県体育協会指定クラブは「群大クラブ」をはじめとする7団体に止まっていました（日本体育協会，2006）が、2015年度には42団体が活動していることになっています（日本体育協会，2016）。

## （3） アスリートを育てる指導者としての要件

　我が国のスポーツ指導者、特に運動部活動における指導者は久保（1998）が指摘しているように、「教育的な活動」と「競技力向上をねらいとした活動」との2面性を担ってきた歴史があります。これらの二重構造（教師の身分とコーチの立場）は、現在進行中の「総合型地域スポーツクラブ」が順調に発展することになれば、幾分かは解消されていくことになると考えられます。

　ところで、名選手が必ずしも名監督・コーチ（指導者）になれるとは限りません。むしろ、そのスポーツの競技経験がなくても優れた指導者として名声をあげた人たちも多くいます。では、指導者に求められる資質にはどのようなものがあるでしょうか。アスリートを数多く輩出したことで著名な LEGGET（1983）は、次のような理想的なコーチとしての条件を示しています。

①　人が好きで楽しみが分かり、人間の中で目的を達成する機会を得る人。

②　スポーツが好きで、自分が知っていることすべてを他人に教えたいと思う人。

③　団体の中（学校やチームなど）や外部の人たちともうまくやっていける人。

　また島田（1998）は、スポーツ・コーチングのポイントとして10の要件をあげて、次のようにまとめています。「成功的なスポーツ実践指導には、深い専門的知識や智恵、高い見識と哲学が望まれる。成功的なスポーツ実践指導とは、まず学習者の願い、基本的欲求を理解して、彼らの夢、希望を叶えてあげようとする精神である。次に、無駄の少ない効率的、経済的、効果的な指導を展開することである。スポーツ指導者にとって大切なことは、学習者と気持ちを共有し、何よりもスポーツに対する価値観を人一倍持つことによって、成功的な取り組みが可能となるだろう」。

　さらに、出典は不明ですがアメリカの指導者論の中には、コーチ（COACH）の頭文字5つを上から順に並べて、その資質について述べているものがあります。それは、① Comprehension（理解する力）、② Outlook（先を見通す）、③ Affection（愛情）、④ Character（性格）、⑤ Humor（ユーモア）です。その著者は、我が国の指導者に欠けているものが⑤ではないかと指摘しています

（辻，2001）。

　これらに共通する点もありますが、筆者はアスリートを育てる指導者（＊どちらかといえば、運動部活動よりも総合型地域スポーツクラブにおける専門職を想定している）には、次のようなことが必要だと考えています。

　① 損得を考えずに教えることが好き。

　② そのスポーツの魅力（醍醐味）が分かっている。

　③ 研究（指導に関することを学ぶ姿勢）熱心で柔軟なものの考え方ができる。

　④ 正しい指導理論を修得している。

　⑤ 負けず嫌い。

　⑥ 目先のことよりもずっと先の選手の成長が見通せる。

　⑦ 心身共に健やか。

　以上のような要件を備えた指導者は、試合では選手とともに戦い、練習場面ではトレーニングを指揮する立場といえるので「行うバドミントン」に取り上げました。なお、「支えるスポーツ」としてのバドミントンの楽しみ方に重複する部分もあります。その詳細については3節で述べることにします。


## 2　みるバドミントンの楽しみ方

　この楽しみ方には、大会の会場（体育館やグラウンド等）においてプレイを直接観戦するものとテレビなどのメディアを通して間接的に観戦（応援）するものが考えられます。

　SSF笹川スポーツ財団（2006a）（以下「SSF」と略す）が調査したスポーツ観戦の状況によりますと、過去1年間にスポーツ施設などで直接観戦した人の割合は成人で37.1％、10代が40.9％でした。これを過去の調査と比較しますと両者ともに増加傾向でした。また、観戦種目は成人の第1位がプロ野球、第2位が野球（プロ以外）、第3位がマラソン・駅伝などとなっています。10代では第1位がプロ野球、第2位が野球（高校、大学など）、第3位がJリー

表 2-2　2006 年度第 1 種年次大会（平成 18 年 4 月～19 年 3 月）

〈日バ協公式 Web サイトから抜粋〉

| 大　会　名 | 開催期間 | 開催地 |
|---|---|---|
| 第 56 回全日本実業団バドミントン選手権大会 | 6 月 28 日～7 月 2 日 | 東京都 |
| 第 24 回全日本レディースバドミントン選手権大会 | 7 月 28 日～7 月 30 日 | 石川県 |
| 第 57 回全国高等学校バドミントン選手権大会 | 8 月 1 日～8 月 6 日 | 奈良県 |
| 第 22 回若葉カップ全国小学生バドミントン大会 | 8 月 4 日～8 月 7 日 | 京都府 |
| 第 30 回全日本高等専門学校バドミントン選手権大会 | 8 月 5 日～8 月 6 日 | 京都府 |
| 第 45 回全日本教職員バドミントン選手権大会 | 8 月 9 日～8 月 12 日 | 京都府 |
| 第 36 回全国中学校バドミントン大会 | 8 月 17 日～8 月 20 日 | 徳島県 |
| 第 7 回全国小学生 ABC バドミントン大会 | 8 月 18 日～8 月 20 日 | 千葉県 |
| 日本スポーツマスターズ 2006 バドミントン競技 | 9 月 15 日～9 月 19 日 | 広島県 |
| 第 49 回全日本社会人バドミントン選手権大会 | 9 月 15 日～9 月 20 日 | 石川県 |
| 第 25 回全日本ジュニアバドミントン選手権大会 | 9 月 21 日～9 月 24 日 | 愛知県 |
| 第 61 回国民体育大会バドミントン競技会 | 10 月 1 日～10 月 4 日 | 兵庫県 |
| 第 23 回全日本シニアバドミントン選手権大会 | 10 月 7 日～10 月 9 日 | 北海道 |
| 第 5 回日本バドミントンジュニアグランプリ 2006 | 10 月 21 日～10 月 22 日 | 宮城県 |
| 第 19 回全国スポーツ・レクリエーション祭 | 10 月 21 日～10 月 24 日 | 鳥取県 |
| 第 57 回全日本学生バドミントン選手権大会 | 10 月 27 日～11 月 2 日 | 京都府 |
| 平成 18 年度全日本総合バドミントン選手権大会 | 11 月 14 日～11 月 19 日 | 東京都 |
| バドミントン日本リーグ 2006 | 10 月 28 日～12 月 24 日 | 大阪府他 |
| 第 15 回全国小学生バドミントン選手権大会 | 19 年 1 月 4 日～1 月 8 日 | 大分県 |
| 第 1 回全日本レディースバドミントン競技大会（個人戦） | 19 年 2 月 28 日～3 月 3 日 | 大阪府 |
| 第 7 回全日本中学生バドミントン選手権大会 | 19 年 3 月 25 日～3 月 27 日 | 福井県 |
| 第 35 回全国高等学校選抜バドミントン大会 | 19 年 3 月 25 日～3 月 28 日 | 北海道 |

　グなどとなっています。残念ながら、バドミントンはベスト 10 に入っていませんでした。プロスポーツの観客動員数については、2004 年シーズン 1 年間でおよそ 8,388 万人に達しており、公営競技を除いて最も観客が多かったのはプロ野球（2,445 万人）となっています。

　表 2-2 は日本バドミントン協会（2006a）（以下「日バ協」と略す）の公式 Web サイトに掲載されていた 2006 年度のスケジュール表を抜粋したものです。2006 年は 2 年に 1 度の世界一を競う国別対抗戦（男子：トマス杯、女子：ユーバー杯）が、我が国で開催されました。準決勝以上の試合会場となった東

京体育館は、観覧席が1万人分あり国際バドミントン連盟（IBF）が求める条件に見合っています（バドミントン・マガジン編集部，2005）。ちなみに、会期中に1万人の満員御礼が出た（バドミントン・マガジン編集部，2006a）といわれていますが、準決勝以上のSS席は前売り券が1万円（当日券1万2千円）でした（バドミントン・マガジン編集部，2006b）。

　バドミントンの主要な大会を取り上げるテレビ番組は、これまで年に数回あれば良いほうでした。しかしながら、近年では衛星放送やケーブルテレビジョン等によって、バドミントンの試合を多くみることが可能になりました。特にSKY PerfecTV！（スカパー！）の752ch（チャンネル）は卓球・バドミントンの専門であるため、主要な大会以外にもライブ（生中継）または録画でみることができるようです。これらの情報は、我が国唯一の月刊バドミントン専門雑誌の『バドミントン・マガジン』（2006年11月号及び他号）にも記事や広告が載っています。

　一方で、2006年5月のIBF総会（東京）によって決定された21ポイントラリー制の導入（バドミントン・マガジン編集部，2006c）は、テレビ放送で取り上げられる可能性を高めたものと考えられます。旧ルールではサービス権のあるほうのみにポイントが加算されたため、サービス権の移行が何度も繰り返されて、ゲームが長時間になることが多かったと考えられます。今のところ、ルール変更に伴う試合への影響等については検証されていませんが、以前に比べて試合時間が激減したことは、放送局側からみればコマーシャル時間がほぼ確定できるなど、取り上げ易くなったといえるでしょう。その他、雑誌や新聞などのメディアに取り上げられた写真をみたり、記事を読んだりすることなどの楽しみ方も「みるバドミントン」に加えたいです。

　以上のような「みるバドミントン」では、アスリートをアイドルと同様に「追っかけ」の対象とするものから、友人や知人のプレイを純粋に「応援」するものまでさまざまな理由が考えられます。また、「みるスポーツ」は知的・感性的享受を代表するスポーツ享受のスタイルであるといわれています（佐伯，1996）。したがって、「みるバドミントン」においては、バドミントンのルールについて考えたり、新たに発見したことについて探究したりすること、

さらには素晴らしいプレイに感動することなどの楽しみ方があると考えられます。

　表2-3は、2016年度に予定されているスケジュール表です。10年前のスケジュールと比べてみますと、1減4増となっています。1減の「全国スポーツ・レクリエーション祭」は、当初の目的を達成したことで2011年に終了しています。4増は、「ヨネックス杯国際親善レディースバドミントン大会」「日本ランキングサーキット」「全日本学生バドミントンミックスダブルス選手権」並びに「ヨネックスジャパン」です。その他の21大会については継続的に毎年開催されてきました。

　博報堂がアジアを中心に、世界の主要都市で中・上位収入層を対象に2000年から毎年実施しているグローバル生活者調査『Global HABIT』（2016）があります。そのレポートによれば、アジア15都市生活者の好きなスポーツは、男子のトップ5は、第1位サッカー、第2位バスケットボール、第3位バドミントン、第4位水泳、第5位自転車で、サッカーが2位以下を大きく引き離しています。女子のトップ5は、第1位バドミントン、第2位水泳、第3位サッカー、第4位自転車、第5位バレーボールとなっています。これらは、自ら行ったり、観戦したりすることも含めてのスポーツ好きだと考えられます。

　結果の詳細をみますと、都市ごとに人気の高さが異なっていて興味深いです。男子でバドミントンが1位となったのはクアランプールのみですが、女子ではバドミントンが15都市すべてでトップ5に入っていることが特徴的です。そのうち、1位となったのは4都市（香港、北京、広州、クアランプール）であり、2位も8都市（上海、シンガポール、ジャカルタ、デリー、他）と圧倒的に人気がありました。このことから、アジアの15都市の女子ではバドミントンの人気がきわめて高いことが分かりました。しかしながら、同時に調査されたモスクワ、ニューヨーク（2014年）、サンパウロ（2014年）では男女ともにバドミントンがトップ5に入っていません。これらの都市は、サッカー・野球・バレーボール及びフィギュアスケート等が上位に入っていたため、スポーツの人気には国柄や地域差があるものと考えられます。

第 2 章　生涯スポーツ論からみたバドミントンの 4 つの楽しみ方　*53*

## 表 2-3　2016 年度第 1 種年次大会（平成 28 年 4 月～ 29 年 3 月）
〈日バ協公式 Web サイトから抜粋〉

| 大　会　名 | 開催期間 | 開催地 |
|---|---|---|
| 日本ランキングサーキット大会 | 5 月 21 日～ 5 月 25 日 | 埼玉県 |
| 第 66 回全日本実業団バドミントン選手権大会 | 6 月 29 日～ 7 月 3 日 | 福井県 |
| 第 34 回全日本レディースバドミントン選手権大会 | 7 月 28 日～ 7 月 31 日 | 高知県 |
| 第 32 回若葉カップ全国小学生バドミントン大会 | 7 月 29 日～ 8 月 1 日 | 京都府 |
| 第 67 回全国高等学校バドミントン選手権大会 | 8 月 7 日～ 8 月 12 日 | 岡山県 |
| 第 55 回全日本教職員バドミントン選手権大会 | 8 月 11 日～ 8 月 15 日 | 鳥取県 |
| 第 17 回全国小学生 ABC バドミントン大会 | 8 月 12 日～ 8 月 14 日 | 熊本県 |
| 第 4 回全日本学生バドミントンミックスダブルス選手権 | 8 月 15 日、16 日 | 東京都 |
| 第 18 回全国高等学校定時制通信制バドミントン大会 | 8 月 17 日～ 8 月 20 日 | 神奈川県 |
| 第 46 回全国中学校バドミントン大会 | 8 月 17 日～ 8 月 20 日 | 石川県 |
| 第 40 回全日本高等専門学校バドミントン選手権大会 | 8 月 20 日、21 日 | 富山県 |
| 第 59 回全日本社会人バドミントン選手権大会 | 9 月 2 日～ 7 日 | 愛知県 |
| 第 35 回全日本ジュニアバドミントン選手権大会 | 9 月 16 日～ 9 月 19 日 | 愛媛県 |
| ヨネックスオープンジャパン 2016 | 9 月 20 日～ 9 月 25 日 | 東京都 |
| 日本スポーツマスターズ 2016 バドミントン競技会 | 9 月 24 日～ 9 月 26 日 | 秋田県 |
| 第 71 回国民体育大会バドミントン競技会 | 10 月 2 日～ 10 月 5 日 | 岩手県 |
| 第 67 回全日本学生バドミントン選手権大会 | 10 月 14 日～ 10 月 20 日 | 千葉県 |
| ヨネックス杯国際親善レディースバドミントン大会 2016 | 10 月 27 日～ 10 月 30 日 | 大阪府 |
| バドミントン日本リーグ 2016 | 11 月 5 日～ 29 年 2 月 12 日 | 東京都他 |
| 第 33 回全日本シニアバドミントン選手権大会 | 11 月 12 日～ 11 月 14 日 | 東京都 |
| 第 15 回日本バドミントンジュニアグランプリ 2016 | 11 月 25 日～ 11 月 27 日 | 宮城県 |
| 平成 28 年度全日本総合バドミントン選手権大会 | 11 月 28 日～ 12 月 4 日 | 東京都 |
| 第 11 回全日本レディースバドミントン競技大会（個人戦） | 12 月 9 日～ 12 月 11 日 | 千葉県 |
| 第 25 回全国小学生バドミントン選手権大会 | 12 月 23 日～ 12 月 24 日 | 滋賀県 |
| 第 45 回全国高等学校選抜バドミントン大会 | 29 年 3 月 22 日～ 3 月 26 日 | 愛知県 |
| 第 17 回全日本中学生バドミントン選手権大会 | 29 年 3 月 25 日～ 3 月 27 日 | 岡山県 |

## 3 支えるバドミントンの楽しみ方

　この楽しみ方の対象は、無報酬でプレイヤーを指導するコーチ、大会（イベント）の裏方で支えるボランティアなどが考えられます。公益財団法人日本体育協会（以下「日体協」と略す）の公認スポーツ指導者制度が2005年4月から改定され、新たな制度に基づいた指導者養成がスタートしました。その資格は、①基礎資格、②競技別指導者、③フィットネス指導者、④メディカル・コンディショニング指導者、⑤マネジメント指導者、に区分されています。①については制度改定により新設された資格で、地域住民のスポーツの生活化・定着化を推進するためのスポーツ指導者です（SSF, 2006）。これらについては、最新データが日体協（2006）の公式 Web サイトに掲載されています。平成17年11月9日現在、競技別指導者の登録者総数は106,515人です。内訳をみますと、サッカーの22,656人が最も多く、次いで水泳が20,669人、スキーが7,578人で3番目に多くなっています。さらに、その中から抜粋して作成したものが表2-4です。バドミントンについては、指導員が2,068人（全体の2.3%）、コーチが152人（全体の1.0%）となっています。教師は商業スポーツ施設などで専門的指導にあたる者で、今のところ水泳やスキー及びテニスなどの7競技（資格）だけに認定された4,930人しかいません。

　表2-5は平成27年10月1日現在の登録者数を示しています（日体協, 2016a）。表1-4と比較しますと、競技別指導者の全体数は37,000人余りの増となっています。バドミントンについても、670人の増となっています。しかしながら割合でみれば、10年前とほとんど変わりがないものの、コーチについては微増傾向がみられます。これらのことからは、バドミントン協会をあげて県域レベルや国内・ナショナルトップレベルの競技力向上に取り組んでいることが伺えます。

　バドミントンは、柔道や剣道等の武道のような段位制度がないため、上記の資格は指導者としての資質を判断する上で価値が認められます。しかし、年間に数日しか休みを取らない（取れない）熱心な運動部活動の指導者は、講習会

第2章　生涯スポーツ論からみたバドミントンの4つの楽しみ方　*55*

表2-4　日本体育協会公認競技別指導者の登録者数（平成17年11月9日現在）
〈日体協公式Webサイトから抜粋〉（人）

| 資格名 | 指導員 | | | コーチ | | | 教師 | | | 合計 |
|---|---|---|---|---|---|---|---|---|---|---|
| | 指導員 | 上級指導員 | 小計 | コーチ | 上級コーチ | 小計 | 教師 | 上級教師 | 小計 | |
| 全体 | 73,568 | 15,877 | 89,445 | 8,577 | 3,563 | 12,140 | 3,325 | 1,605 | 4,930 | 106,515 |
| バドミントン | 1,541 | 527 | 2,068 | 125 | 27 | 152 | – | – | 0 | 2,220 |
| 割合（%） | 2.1 | 3.3 | 2.3 | 1.5 | 0.8 | 1 | 0 | 0 | 0 | 2.1 |

表2-5　日本体育協会公認競技別指導者の登録者数（平成27年10月1日現在）
〈日体協公式Webサイトから抜粋〉（人）

| 資格名 | 指導員 | | | コーチ | | | 教師 | | | 合計 |
|---|---|---|---|---|---|---|---|---|---|---|
| | 指導員 | 上級指導員 | 小計 | コーチ | 上級コーチ | 小計 | 教師 | 上級教師 | 小計 | |
| 全体 | 104,653 | 12,924 | 117,577 | 16,525 | 4,996 | 21,521 | 3,350 | 1,355 | 4,705 | 143,803 |
| バドミントン | 2,078 | 441 | 2,519 | 310 | 61 | 371 | – | – | 0 | 2,890 |
| 割合（%） | 2.0 | 3.4 | 2.1 | 1.9 | 1.2 | 1.7 | 0 | 0 | 0 | 2.0 |

への出席が難しいと考えられます。それらの指導者が、講習会に参加できる体制と講習会そのものの在り方を改善することも今後の課題でしょう。また、前述したように「総合型地域スポーツクラブ」では、資格を持った質の高い指導者を配置することになっています。けれども、現状では有資格者に給与を払えるほど経営が潤っているクラブは少ないと考えられます。

　したがって、バドミントンが好きで教えることも大好きな方の中には、無報酬でも良いからコーチを行いたい方がいるに違いありません。それらのボランティアを有効に活用しながら、理想的な「総合型地域スポーツクラブ」へ成長・発展させていくことが、望ましいクラブの在り方だと考えられます。

　次に、バドミントンの大会やイベントの裏方で支えるボランティアについて考える前に、スポーツ・ボランティアとは何かを明らかにしておきます。それは、「地域におけるスポーツクラブやスポーツ団体において、報酬を目的としないで、クラブ・団体の運営や指導活動を日常的に支えたり、また、国際競技

大会や地域スポーツ大会などにおいて、専門能力や時間などを進んで提供し、大会の運営を支える人」(SSF, 2004) と定義されています。それらの実態について調査した報告書によれば、我が国の成人のスポーツ・ボランティアの実施率は、1994 年から 2004 年までの 10 年間、7%前後で推移しており、成人の 1割にも達していないことが分かりました。また 10 代の実施率については、過去 1 年間にスポーツ・ボランティア活動を実施したことが「ある」と回答したものが、13.3%と成人の 7.9%を上回っていました (SSF, 2006b)。その活動内容については、前者が「大会・イベントの運営や世話」と「団体・クラブの運営や世話」が多いのに対して、後者は「グラウンドなどの会場整備や用具の片づけの手伝い」と「審判や審判の手伝い」の割合が高く、両者の役割が異なっているように推測されます。

　バドミントンのボランティアについては、日常的な「クラブ・団体ボランティア」と非日常的な「イベント・ボランティア」が考えられます。前者は、地域スポーツクラブ（総合型を含む）やスポーツ団体において監督やコーチを務める指導者及びアシスタント指導者があります。また、クラブや団体における役員や幹事、練習時の給水を担当する世話係、試合会場への運搬・運転係、会報や情報処理の係など考えられますが、有給の理事職等を除く大部分が「運営ボランティア」と位置づけられます。後者は地域の大会、県大会、さらには全国大会、日本リーグ及び国際大会等を支えるボランティアを指しています。その中には審判員や通訳、医療救護係等の「専門ボランティア」と案内・受付、記録・掲示、選手の滞在・訪問を受け入れるホストファミリーなどの「一般ボランティア」が考えられます。もう 1 つは、トップアスリートによる福祉施設への慰問等の活動で「アスリート・ボランティア」と呼ばれているものがあります (山口, 2004)。

　これらの活動を通して達成感や充実感を味わうこと、あるいは自己実現の豊かな心を育むことなどが享受できるのが「支えるバドミントン」です。

　ただし、指導への過度な没頭によって生活に支障をきたすことがない程度の活動にとどめたいものです (松尾ほか, 1994)。

## 4　つくるバドミントンの楽しみ方

　この楽しみ方では、まずバドミントンの大会（イベントを含む）及び実技講習会（教室）などを企画・立案することです。さらには、それらを実施して成功した時の満足感や達成感などを味わう享受の仕方が考えられます。

　大学生のバドミントンについてみますと、例えば各地区大学連盟の主催するリーグ戦等が行われているため、各地区に学生バドミントン連盟（以下「学連」と略す）が組織されています。関東学連（2006）の公式 Web サイトによれば、名誉会長・会長・副会長（計4名）を除く委員（計13名）はすべて学生で構成されています。学生バドミントンの場合は、伝統的に各地区の学連が春と秋のリーグ戦をはじめとする各種大会を企画し、主体的に運営しています。これらの委員等での貴重な経験は、卒業後に地域でバドミントン大会を企画したり、あるいはクラブを運営したりする機会が訪れた時などに必ず役立つでしょう。また大会では会場使用料の他、開催要項やチーム等を紹介するパンフレットが一般的に作成されています。それらの経費は、当該年度の登録料や大会参加費及び企業等の協賛金などから支払われます。バドミントンの場合は、用具用品メーカーとスポンサーシップ[4]になっていることが多いものと考えられます。

　イベント等を開催するにあたりスポンサーの存在は必至ですが、スポンサー企業は「募集する」のではなく「獲得する」ものと考えられています。それらの企業には、パートナーとして最も適合する企業が絞られることになり、スポーツ組織と共にイベントを支えるビジネス・パートナーとなります。また、スポンサー料金は「寄付金」ではなく「投資金」の意味合いもあります。つまり、その目的が地域社会貢献である場合は、スポーツイベント等をスポンサードしていることを地域住民に認知させ、投資に見合った見返りを創造することが重要だといわれているからです（藤本，2006）。

　一方で、つくるバドミントンに近い例として、過日（2006年10月24日）NHK 総合テレビの番組をみる機会がありました。それは、川崎市中原区にお

いて 12 チーム（うち、1 チームは中学生）が参加してのフットサル大会が開かれたという情報でした。この大会を企画したのは早稲田大学の 3 年生でした。彼は昨年 1 年間大学を休学し、世界一周の旅行に行ってきました。その旅行で印象的だったのは、地雷爆破の恐怖にさらされている国の人々だそうです。大会参加費 13,000 円のうち、会場使用料や諸経費を差し引いた金額がすべて寄付となりますが、12 チーム分の金額でフットサルコート 1 面の広さにある地雷を撤去する費用に充てられるとのことでした。このような国際的な視野からみた社会貢献活動をバドミントンでも企画し、実施することも不可能ではないでしょう。

　近年では、女子バドミントンのオリンピック選手を輩出した名門ルネサス・エレクトロニクスのバドミントン部が経営合理化の一環で廃部となりました。その受け入れ先として、同じ熊本県にある再春館製薬所が名乗りをあげました。2014 年 6 月に熊本県知事の蒲島氏から打診を受け、同年 8 月には記者会見を開き、2015 年 4 月から 12 人の選手とスタッフすべてを受け入れ、当面はルネサスの体育館を活動拠点にスタートすることが明らかになりました（バドミントン・マガジン，2014）。この例は、企業側（再春館）からみれば「つくるバドミントン」といって良いかもしれません。つまり、スポンサーとなってチームを引き受け、育てることが企業にとっての好循環を生むと考えられるからです。


注
1)　諸外国の文献では、「low service」と呼ぶこともあります。
2)　体育・スポーツ施設の設置数は 239,660 箇所です。そのうち学校体育・スポーツ施設は 149,063 箇所（62.2%）、大学・高等専門学校の体育施設は 9,022 箇所（3.8%）、公共スポーツ施設は 56,475 箇所（23.6%）、職場スポーツ施設は 8,286 箇所（3.5%）、民間スポーツ施設は 16,814 箇所（7.0%）となっています（文部科学省「体育・スポーツ施設現況調査」平成 16 年）。
3)　「スポーツ振興基本計画」（2000）によると、今後 10 年間で各市町村に 1 つ以上の総合型地域スポーツクラブ及び各都道府県において少なくとも 1 つは広域スポーツセンターを育成することがあげられています。これは、すでにヨーロッパ諸国において定着しているクラブ

第2章　生涯スポーツ論からみたバドミントンの4つの楽しみ方　*59*

を倣ったものです。我が国が目指している総合型地域スポーツクラブは、次のような概略となっています。①複数の種目が用意されている、②子どもから高齢者まで、初心者からトップレベルの競技者まで、地域の誰もが年齢、興味・関心、技術・技能レベルなどに応じて、行いたい時に、いつでも、いつまでも活動できる、③活動の拠点となるスポーツ施設やクラブハウスがあり、定期的・継続的なスポーツ活動を行うことができる、④質の高い指導者の下で、個々のスポーツニーズに応じたスポーツ指導が行われる、⑤以上のようなことについて、地域住民が主体的に運営することです。

4)　スポーツ・スポンサーシップとは、スポーツイベントやクラブ、チームを経営するスポーツ組織と、それらに資金や資源を投資または支援する企業との相互交換関係をいいます（藤本，2006）。

# 第3章
# バドミントンの運動強度


　本章では、バドミントンの運動強度について、一流選手を対象とした代表的な研究報告を紹介するとともに、筆者らがレディース選手を対象に行った研究報告の概要及び大学の一般体育授業での研究報告の概要、その他を取り上げます。これらを取り上げた理由は、第1にバドミントンが羽根つき遊び程度のレベルだけではなく、高強度でハードなレベルの競技スポーツでもあることを知っていただくためです。第2としては、健康増進や体力向上を目指すためには、適切な運動処方の原理に基づいてバドミントンを行うことが望ましいと考えるからです。

　バドミントンは実施者（競技者）の技能レベルや体力レベルに応じてプレイすることが可能なものであり、まさに生涯スポーツの代表といっても過言ではないでしょう。


## 1　一流バドミントン選手の試合中の運動強度について

　スポーツ・運動を実施すると、身体には大なり小なり負荷がかかります。その負荷を運動強度といい、心拍数（以下「HR」と略す）や酸素摂取量（以下「$\dot{V}O_2$」と略す ）などの指標を用いて表記することができます。したがって、競技力向上を目指すのであれば、適度な運動強度で練習トレーニングに励むことが求められます。

　高木らの報告（1958）では、一般女子学生のバドミントンの試合時におけ

るエネルギー代謝率（以下「RMR」と略す）を 3.0 ～ 6.0 とし、軟式庭球と類似の比較的軽い運動のため、バドミントンは特殊な場合を除けば女子に好適な運動だと述べています。また、それらに関連したものでは池上（1982）が日常的な作業や運動の RMR をまとめています。それによれば、標準値は卓球とバドミントンが 5.0、テニスが 6.0 で、時速 7.2km のランニングとほぼ同値になっています。ただし、これらは一般人が普通に行った場合の値のため、スポーツ選手の場合には値が大きくなる傾向があると述べています。これらの報告は、対象者が一流選手でなかったこと、基本動作と乱打及び練習試合における酸素消費量から試合時の消費熱量を推定したことなど再検討の余地がありました。

その後、阿部ら（1989, 1990）が国内一流選手を対象に試合時の運動強度について検討した結果、男女ともに HR を指標とすると比較的高強度であることが明らかになりました。それによれば、女子一流選手の試合時における平均 HR は 174±10.78beats/min（以下「bpm」と略す）で、最高心拍数（以下「HRmax」と略す）のおよそ 87％を示しました。$\dot{V}O_2$ は 33.1±5.70ml/kg・min で、最大酸素摂取量（以下「$\dot{V}O_2$max」と略す）のおよそ 56％に相当しました。また、血中乳酸値の平均は 23.3mg/dl で、最大運動直後の値の 23％であったと報告しています。

一方、男子一流選手の試合時における平均 HR は 175bpm で、HRmax のおよそ 83％を示しました。$\dot{V}O_2$ は 43.5ml/kg・min で、$\dot{V}O_2$max のおよそ 71％に相当しました。また、血中乳酸値の平均は 29.5mg/dl で、最大運動直後の値の 27％であったと報告しています。以上の研究結果と併せて、バドミントンの試合が間欠的運動であるという点にも留意する必要があると報告しています。すなわちバドミントンの試合中は、エネルギー供給源が無酸素的なものと有酸素的なものからなっていることで、インプレー中（WP）は前者、その他の時間（RP）は後者に依存している割合が多いとの指摘です。

さらに、Araragi et al.（1999）は一流女子学生選手の公式試合における HR をもとに酸素摂取水準（以下「% $\dot{V}O_2$max」と略す）を推定して運動強度をみました。それは、1 回戦から決勝までシングルスとダブルスの両方に進出した 1 人の選手の測定値でした。このような類まれな選手のデータは大変に貴

重です。接戦になった試合の 1 ゲームをみますと、シングルスでは平均が 70
〜 80% $\dot{V}O_2$max、ダブルスでは 65 〜 70% $\dot{V}O_2$max 程度の強度と推定されま
した。また同ゲーム時の HRmax を心拍水準（以下「% HRmax」と略す）で
みますと、シングルス、ダブルスともに 95% HRmax を超えるものであった
と報告しています。

　以上のことから、一流バドミントン選手の試合中の HR 及び $\dot{V}O_2$ からみた
運動強度については、比較的高水準に達することが推測されます。

　近年、バドミントンの運動強度に関する研究は、中谷ら（2015）のバドミ
ントン競技選手における作業時間と休息時間を変化させた間欠的トレーニング
について検討したもの以外はほとんどみられません。中谷らがシングルスゲー
ムを想定した 5 秒から 15 秒のショート・ショート・インターバルトレーニン
グは、作業時間と休息時間を変化させると運動強度が異なったと報告していま
す。また、参考までにラケット系スポーツの卓球とテニスについても調べてみ
ましたが、いずれも研究報告が少ないことが分かりました。

　例えば、張（2015）は、大学卓球選手の血中乳酸濃度と HR の変化から持
久力の評価方法を検討しています。その結果、卓球の中心的な練習のフット
ワーク練習中の血中乳酸濃度については 4mmol/L（OBLA）となる運動強度、
またはそれ以上で行われていることが明らかになりました。同時に、血中乳酸
濃度測定は個別の卓球選手にとっても必要な持久力やスプリントのトレーニン
グ量に関する情報を提供する際に有効な手段であることも示唆されました。ま
た伊藤と高崎（2015）は、ソフトテニスのダブルスゲームにおける運動強度
を HR の測定値から検討しました。その結果、16 名の被験者のゲーム中の平
均 HR は 140 〜 150bpm、推定 HRmax から計算された $\dot{V}O_2$max は 60%程度
に相当しました。そのため、硬式テニスよりも少し強度が強かったと報告して
います。

　これらの研究が、競技力向上のためのトレーニング方法やコーチングの一助
となることを期待しています。

## 2 レディースバドミントン選手の練習中の運動強度について

○家庭婦人バドミントン選手の練習中の運動強度に関する研究概要
〈研究目的と研究方法〉

本研究は日頃から、バドミントンを健康づくりの一環として取り入れている家庭婦人プレイヤーの練習中における運動強度を明らかにすることを目的としました。被験者は、第10回全国家庭婦人バドミントン競技大会[1]群馬予選（クラブ対抗の部）において優勝したクラブチームの4名（41～47歳）です。バドミントンの経験は、過去6年以上にわたっていました（2～3日／週）。（＊クラブ対抗の部は、家庭婦人になってからバドミントンを始めた者のみ参加できる）。

練習項目と時間経過についてはあらかじめ説明し、笛の合図で区切りを知らせました。また、前方及び側方よりビデオカメラで撮影を行い、練習中の呼吸循環機能の変化と関連づけました。

練習中（安静からダブルスの練習試合終了までの127分間）のHRは、VINE社製のHEART RATE MEMORYを用い、胸部双曲誘導法により測定しました。なお練習場所は、群馬県生涯学習センター付設体育館で行いました。練習中記録したHRは、データ一処理用インターフェイス（VINE社製MACREADERⅡ、VMS2-1）によって、1分ごとのHRとしてプリントアウトしました。

練習中の$\dot{V}O_2$は、トレッドミル走による最大運動負荷試験で求めた毎分のHRと$\dot{V}O_2$を小林の方法（小林，1982）により、HRをX（拍／分）、その時の$\dot{V}O_2$をY（ml/kg・min）として回帰方程式（HR－$\dot{V}O_2$関係式）を求め、その式に練習中のHRを代入して算出しました。

〈結果及び考察〉

これまで中高年女子を対象としたバドミントンの運動強度については、浅見ら（1978）の報告があります。それによれば、対象は経験年数が4年以下の初心者であり、練習内容（項目）もラリー、シングルス及びダブルスのゲームに限定したものです。本研究では、バドミントンの経験が6～13年（週2～

3 日、2 時間程度）の家庭婦人 4 名を対象として、練習中の約 2 時間に得られた HR より運動強度を検討しました。

まず練習中の HR の平均は、118.0 ～ 138.6 拍／分で、HRmax の 65 ～ 75％程度の運動強度となりました。また、高い値を示した練習課題は、開始直後のジョギング、フットワーク、基本ストローク・ショット、ノック及びゲームでした。特にゲーム時の HR の平均は、M.I. の第 1 ゲームと H.S. の第 2 ゲームを除けば、HRmax の約 72 ～ 91％に相当する運動強度でした。

高校女子一流選手 2 名を対象としたものでは、3 時間 30 分間の練習中の HR の平均が 145.5 拍／分と 147.5 拍／分 （72.2-80.6％ HRmax）であったと報告されています（漆原ら，1985）。さらに、女子一流選手のゲーム時では 62％ HRmax（広田・飯野，1990）、トッププレイヤーを対象としたシングルスゲーム時では 87％ HRmax（阿部ら，1989）に相当する運動強度であったとの報告があります。それらを本研究と直接比較することは、プレイヤーの年齢や技能レベル、ゲーム内容及び練習時間等の相違から問題があると考えられます。しかし本研究の対象が、健康づくりの一環としてバドミントンを取り入れている家庭婦人であることを勘案すれば、HRmax の 65 ～ 75％程度（約 2 時間の練習時間）の運動強度は多少高めであるが、適切なものと考えられます。

一方、ゲーム内容等の詳細が不明であることを前提にしながらも、中高年女子 6 名を対象とした浅見ら（1978）の報告の HR の平均 103 ～ 142 拍／分は、本研究でのゲーム時の HR の平均 124 ～ 167 拍／分に比べて、かなり下回るものでした。このように、本研究のゲーム時で運動強度が高くなった原因としては、基礎的練習の後にゲームを行った影響などが考えられます。

次に、関係式から算出した $\dot{V}O_2$ についてみますと、基本ストローク・ショット時の平均が 11.7 ～ 25.6ml/kg・min （38 ～ 62％ $\dot{V}O_2$max）、ノック時の平均が 9.7 ～ 24.4ml/kg・min （31 ～ 59％ $\dot{V}O_2$max ）、ゲーム時の平均が 9.2 ～ 32.1ml/kg・min （29 ～ 86％ $\dot{V}O_2$max）でした。

浅見ら（1978）の報告では、$\dot{V}O_2$max の平均が 35.2ml/kg・min であり、本研究の 33.4ml/kg・min よりもやや高い傾向でした。しかし、ゲーム時の平均は本研究よりも比較的低く、$\dot{V}O_2$max の 46 ～ 62％程度に相当するものでし

た。このことは、練習時間量と技能レベルの差が最も影響しているものと考えられます。

　ゲームに要した時間は、1ゲームあたり9〜11分、全体で37分間（休息6分間を含む）でした。またゲームは、技能レベルがやや上のA組が、終始優位に展開した結果、第1ゲームを15対7、第2ゲームを15対6、第3ゲームを15対4でB組に全勝しました。本来ならば、第2ゲームで決着したのですが、本研究では休息時間（公式ルールに準じる）を挟み、第3ゲームまで行いました。それゆえ、第2ゲーム終了後は、ゲームに対する集中力の欠如などが、心拍応答に何らかの影響を与えたことも考えられます。特に、H.S.が第3ゲームで極度な低値を示したことは、5分間の休息に疲労をある程度回復させたとしても、それらの影響が比較的大きかったものと推察されます。健康づくりを目的としたバドミントンの練習では、練習内容の運動強度に応じて休息（水分補給を含む）を行うことが大切だと考えられます。今後は、環境施設や練習時間帯の差異などからも検討したいです。

〈まとめ〉

　本研究は、バドミントンの経験が6年以上の家庭婦人4名（41〜47歳）を対象に、通常行っているメニューの練習中における心拍数を測定し、その運動強度を明らかにしました。結果をまとめると以下のようになります。

1. 最大酸素摂取量の平均は、33.4ml/kg・min でした。
2. 練習中のHRの平均は、T.T.が127.6±21.2拍／分（±標準偏差、以下同じ）、M.I.が122.3±20.6拍／分、K.S.が118.0±18.5拍／分、H.S.が138.6±20.2拍／分でした。
3. 練習中の%HRmaxの平均は、T.T.が72.9±12.1％HRmax、M.I.が65.8±11.1%HRmax、K.S.が65.9±10.3%HRmax、H.S.が75.8±11.1%HRmax でした。
4. 主要な練習課題における%$\dot{V}O_2$max の平均は、基本ストロークからのショット時が38.3〜62.0％$\dot{V}O_2$max、ダブルス・ノック時が31.2〜58.6％$\dot{V}O_2$max、ダブルスのゲーム（休息を除く）時が40.4〜75.8％$\dot{V}O_2$max の範囲でした。

## 3 大学生のバドミントンの授業中の運動強度について

### （1） 歩数計とエネルギー消費量計による運動量測定の研究の概要

　授業中の児童・生徒及び学生の運動強度や運動量を測定することは、体力の保持・増進の観点から授業評価を行う際の指標の１つと考えられます。身体活動中の運動強度や運動量を測定・記録する上で使用機器は重要なものです。しかし日常の授業においては、対象人数を限定しないと高価な機器や大かがりな器具を用いることが難しいです。そこでは、どちらかといえば、多くの人数が同時に測定でき、しかも安価で簡便な器具を必要とします。歩数計（ペドメーター）やエネルギー消費量計（カロリーカウンター）は、多少の誤差は否めないとしても、これらの要求に応えてくれるものと考えられます。

　本研究は、O女子短期大学部生５クラス（217名）を対象として、バドミントンの授業時（実測60分間）における運動量を市販のカロリーカウンター付きペドメーターで測定しました。その結果は、歩数の平均値が $883 \pm 391$ 歩〜 $1702 \pm 574$ 歩（１分当りの平均歩数、$14.7 \sim 28.4$ 歩）、エネルギー消費量の平均値では $22.9 \pm 11.1$ kcal 〜 $45.8 \pm 17.4$ kcal となりました。

　渡部ら（1998）は、女子短期大学生80名（２クラス）を対象に行ったバドミントンの授業時（＊時間については不明）における歩数について、Aクラスの平均が $2,334 \pm 357$ 歩、Bクラスの平均が $2,745 \pm 272$ 歩であったと報告しています。これは、７回行った授業の標準的な３回について平均値を採用したものですが、ゲームのない学生にはコートサイドでのストローク練習を課して運動量を確保させた点が当該研究と異なっています。O大学では、体育館の広さと学生数の割合から、このような課題を与えると危険が伴うと考えられます。

　吉田ら（1981）は、大学生男女120名を対象に行った授業（３クラス）時の歩数について、基本練習とゲームを内容とするバドミントンの授業（＊時間については不明）では、平均総歩数が $2809 \pm 852$ 歩 〜 $3757 \pm 1013$ 歩（１分当りの平均歩数、$37.5 \sim 41.7$ 歩）であったと報告しています。さらに、星川ら

(1993) は小学校から大学までの体育授業時のペドメータースコアについてまとめている中で、バドミントンの授業（＊大学生男女対象）時における1分当りの平均歩数が54.2歩であった報告（合屋ら）を引用しています。本研究で得られた結果は、これらの値に比べて運動量が少なかったように推察されます。しかし、本研究は女子のみを対象としている上に、授業の内容が明らかに異なっているので、厳密な比較にはならないと考えられます。

　本研究におけるバドミントンの授業では、ダブルスのゲームを行っている時の歩数とエネルギー消費量が測定されました。その測定は60分間に限定され、コート数や組み合わせの関係上、全員がゲームを行うことができませんでした。つまり、ゲーム（10分間制）は多くても2回程度しかできず、中には、ずっと審判や得点係などにあたった学生もいました。このような活動形態では、ペドメーターのカウンターが作用しない（星川ら，1991）と思われますので、個人差が大きくなったり、各クラスの最高値と最低値に大きな開きがみられたりしてもやむを得ないでしょう。今後の改善策としては、プレイヤーおよびアン・プレイヤーにかかわらず、積極的に活動していけるような学習形態や学習環境を考えていきたい。

　本研究で得られた結果を学生数及び活動範囲から検討してみますと、学生数がほぼ同数なA・Bクラスに比べて、C・Dクラスのほうが明らかに動いていることが分かりました。また、CキャンパスのA・BクラスとEクラスを比較すると、AクラスとEクラス間では有意差が認められなかったものの、相対的にはEクラスのほうが多い傾向にありました。このように、コートが多いTキャンパスのクラス及び学生数の少ないEクラスのほうが量的に大きくなるのは当然かもしれません。しかし、学生の学習意欲を考慮すると必ずしもあてはまらないと考えられます。

〈まとめ〉

1. O女子大学短期大学部1年生5クラス217名を対象として、バドミントンの体育授業時の歩数とエネルギー消費量を市販のカロリーカウンター付きペドメーターで測定しました。

2. 60分間のクラスごとの歩数の平均は、Aクラスが986±425歩、Bクラ

スが883±391歩、Cクラスが1458±399歩、Dクラスが1702±574歩、
Eクラスが1164±436歩でした。

3. 同時に測定されたエネルギー消費量の平均は、Aクラスが26.0±
13.6kcal、Bクラスが22.9±ll.lkcal、Cクラスが38.6±ll.lkcal、Dクラス
が45.8±17.4kcal、Eクラスが30.5±13.0kcalでした。

4. 平均値の差の検定では、歩数及びエネルギー消費量ともにAとB、Aと
E以外のクラス間で有意差が認められました。


## （2）　歩数と心拍数変動からダブルスペアの運動量を比較した研究の概要

　阿部と岡本（1985）は、バドミントンのゲームを作業期（WP）と休止期
（RP）が交互に繰り返される非連続的運動（または間欠的運動）と述べていま
す。その特徴は、WPとRPの比が一流プレイヤーは1：1、二流以下のプレ
イヤーでは1：2にしかできないことであり、もう1つは、一流プレイヤーの
WPが9秒程度であるのに対して、二流以下のプレイヤーは5秒そこそこにし
かならないことです。したがって、一流プレイヤーと二流プレイヤーが対戦し
た場合、二流プレイヤーはRPで十分な休息をとることを阻まれるために、
ゲーム時の負荷が大きくなると指摘しています。しかし、大学女子初級者レベ
ルの授業におけるゲームでは、次のような原因が影響するために、上述の比
（WP：RP）がさらに大きくなると考えられます。それらの例には、打ち損じ
や余分な動き（ショットが決まると走り回ったり握手しあったりするなど）が
多いこと、及びゲーム（勝負）に対する意識の欠如等があります。

　また、バドミントンの初級者レベルにおけるダブルスゲームの攻守パター
ンは、次のように考えられます。このレベルのプレイヤーは、ペアとのコンビ
ネーション云々よりも、自分が立っている付近に飛んできたシャトルを単に腕
だけの動作で単調に打ち返しています。つまり、攻撃及び守備ともに身体の前
面でのラケットさばきがほとんどであり、シャトルが飛んできた方向に押し出
すように打ち返す、いわゆる「プッシングパターン」（阿部と岡本，1985）の
ストロークがみられるために、身体全体を使ったオーバーヘッドからのハイク
リアやスマッシュ等の「ストローク・プロダクション」（阿部と岡本，1985）

はできません。また自分たちが経験者[2]ペアで、相手が初級者ペアまたは経験者と初級者のペアの場合には、勝負といえども相手の弱点（または初級者）のみを集中的に攻撃することはほとんどしません。さらに授業のダブルスゲームをみますと、サイドバイサイドのフォーメーションになり、1人対1人（パートナーについては、ゲームに参加できない状態のため緊張感が少ないと考えられます。）で打ち合っていることが多く、プレイ中の移動は前後左右に少し動く程度です。また、相手との実力差がはっきりしている場合は、全力でプレイしなくても勝てるために身体活動量をセーブする傾向があります。

これらのことから、初級者レベルの授業におけるダブルスゲームでは、ペア間の身体活動量にも違いがみられると考えました。そのため本研究では、授業時における3ペアの歩数と心拍数変動を中心に検討するとともに、併せてクラス平均の歩数や単元全体の指導内容についても概要を示して授業評価の指標としました。

本単元の第5時限〜第7時限における活動時間の割合は、「ゲーム前」・「ゲーム中」及び「ゲーム後」に区分して授業記録[3]から算出しました。その結果、第5時限は「ゲーム前」が23％、「ゲーム中」が61％及び「ゲーム後」が16％でした。第6時限では各々19％、61％及び20％でした。さらに第7時限では22％、61％及び17％でした。授業者が、「ゲーム前」の時間の終了と「ゲーム中」の時間の終了を学生たちに合図していることから、活動時間の割合は授業者の期待値といえます。しかし、学生主導のゲームを主とした授業の際に、活動時間の割合をどのくらいにすれば適当なのかは今後の課題です。

バドミントンの授業時における歩数の検討は、渡部ほか（1988）が女子短大生2クラス（80名）を対象に行っています。その結果は、Aクラスの平均が2,334±357歩、Bクラスの平均が2,745±272歩でした。また、髙山（1998）が女子短大生5クラス（217名）を対象に行った実践では、クラス平均は883±391歩〜1,702±574歩（1分当たり14歩〜28歩）となりました。本研究のクラス平均は2,585歩〜3,397歩（1分当たり28歩〜37歩）、3ペアの平均は3,113歩〜3,553歩（1分当たり34歩〜39歩）でした。本研究のほうが高値になった理由としては、履修者数、コート数（本授業は6面使用）、活動内容、

体力及び履修者の授業態度・やる気の違いなどが考えられます。

　清水ほか（1973）は、バドミントン女子一流選手（18 ～ 23 歳，10 名）を対象としてシングルスゲーム時の心拍数変動を検討した結果、平均 HR が 178 拍／分に達しました。阿部ほか（1989）が、実業団 1 位チームの 8 名（18 ～ 26 歳）を対象としたシングルスゲーム時の結果では、平均 HR が 174 ± 10.8 拍／分で、HRmax の 87.2％を示しています。一方、広田と飯野（1990）が実業団選手 7 名（20 ～ 22 歳）を対象としたシングルス及びダブルスゲーム時の結果は、平均 HR が 180.3 ± 5.6 拍／分、150.6 ± 6.2 拍／分になり、ダブルスゲーム時の HR のほうがシングルスゲーム時よりも低く、変動幅についても大きくなりました。

　また、Araragi et al.（1999）は一流女子大学選手 1 名（21 歳）を対象に公式試合（1 回戦から決勝戦まで）における運動強度を検討しました。その結果、シングルスゲーム時の平均 HR は 162 ± 16.4 拍／分（83.8% HRmax）、ダブルスゲーム時の平均 HR は 149 ± 17.7 拍／分（77.4% HRmax）でした。このことから、女子一流選手の場合は、シングルスゲーム時の平均 HR が 160 ～ 180 拍／分程度、ダブルスゲーム時ではそれよりも低値（150 拍／分程度）になると推察されます [4]。

　本研究の 3 ペアの授業時における平均 HR は、第 5 時限が 101.9 ± 21.4 拍／分～ 134.4 ± 32.4 拍／分、第 6 時限が 106.3 ± 30.6 拍／分～ 126.6 ± 25.6 拍／分、第 7 時限が 96.3 ± 18.5 拍／分～ 118.3 ± 32.7 拍／分でした。またダブルスゲーム時の平均 HR をみますと、第 5 時限では 107.2 ± 17.7 拍／分～ 149.6 ± 15.6 拍／分、第 6 時限では 116.4 ± 14.9 拍／分～ 141.9 ± 15.4 拍／分、第 7 時限では 110.5 ± 19.1 拍／分～ 146.8 ± 17.2 拍／分でした。伊藤ほか（1978）は大学生女子を対象とした授業について検討しました。その結果、半面コートによるシングルスゲーム時の平均 HR（4 名）が 167.5 拍／分、ダブルスゲーム時の平均 HR（7 名）が 152 拍／分、及び授業時の平均 HR（9 名）が 134.0 ± 15.26 拍／分でした。本研究の結果と比べてダブルスゲーム時の平均 HR が高いのは、ゲームの前に 20 ～ 30 分間の基本練習を行っていることやゲームのマッチ数および技能レベルが異なるためではないかと考えられます。

また、本研究の3ペアの授業時における平均HRは、推定のHRmaxの約48 ～ 66%水準、ダブルスゲーム時の平均HRは、約53 ～ 73% HRmaxに相当します。ただしHRmaxは、（220 － 年齢）拍／分で求めました（加賀谷，1993）。健康にとって効果的な運動強度は、少なくとも60% HRmaxの強さが必要（小宮，1999）なため、本研究の3ペアの授業時における結果は、強度が少し足りなかったかもしれません。ダブルスゲームに要した総時間については、A組が18 ～ 40分、B組が27 ～ 30分、C組が15 ～ 40分でした。「ゲーム中」の時間が約55分であったことを考えれば、第7時限だけはきわめて少なかったといえます。授業でゲームがない時は、審判や係を行うことになっていたにもかかわらず、実際はその役割を積極的に行っていたペアとそうでなかったペアがいました。授業者は、それらについての評価を適正にしていかなければならないでしょう。

ペアごとにみますと、授業時の歩数についてはT.F.とM.T.のほうがパートナーよりも全授業で多くなりました。C組では、第5時限を除いてM.K.のほうがパートナーよりも多くなりました。授業時の平均心拍数では、A組の第7時限、B組の全授業、C組の第5時限と第7時限の授業において有意な差が認められました。ダブルスゲーム時の平均HRでは、A組は第7時限、B組は第5時限と第7時限、C組は全授業において有意な差が認められました。このように初級者で歩数が多くてHRが高い時（本研究ではT.FとM.T.）は、ラケットスイングが必要以上に大きい（例えば、床のほうに振り下ろしてしまう）場合やスイング後に余分な動作がみられる場合が多いです。

また、第7時限については3ペアともに有意な差が認められました。これは第5時限と第6時限に対して、ゲーム数やゲームに要した総時間が少なかったこと及びゲーム内容の単調さ（大勝・大敗）による手抜き等がHRを上げなかったものと考えられます。ダブルスゲーム時の心拍数変動の幅（最高値－最低値）が大きかったのは、A組ペアが第6時限、B組ペアが第5時限、C組はK.U.が第5時限、M.K.が第6時限でした。これは、各自が最高値を記録した授業と一致しています。

吉田ほか（1981）は、バドミントンの授業時の歩数とHRの関係について、

深い相関関係〔（Y＝0.306X+111.200, r=0.48, p<0.001, Y；心拍数（拍／分） X；歩数（歩／分）〕があると報告しています。本研究においても、授業時の歩数が多くなればHRも高値になる傾向がみられましたので、吉田ほか（1981）の結果をほぼ支持できます。ただし、その場でシャトルを打ったり、ジャンピングを伴うプレイ時及びプレッシャーがかかったプレイ時（例えば、レシーバー時でゲームポイントが山場にさしかかっていたり、ミスをした直後など）には、歩数がカウントされなくてもHRが高まるので、すべてが当てはまるとはいえません。

　以上、バドミントンの授業でのダブルスペアの歩数とHRについては、ペア間に差が生じる傾向がみられました。その要因としては、身体的特性（経験の有無を含む）の違いとともに、初級者レベルのプレイヤーにみられがちな余分な動作（身体、ラケット）やパターン（単にペアの一方が打球する）が多いこと及びゲーム（勝敗）に対する意識の違いなどが考えられます。今後の課題としては、打球数（ストローク数）やコート内の移動距離をあわせた分析等があげられます。

　〈まとめ〉

　本研究では、女子大生を対象とする体育授業の評価の一環として、バドミントンの単元におけるダブルス・3ペア（6名）の身体活動量を中心に検討しました。なお、ここでは第5時限～第7時限の授業を主な対象としました。結果は、以下のようにまとめられます。

　　1. 授業時における3ペアの平均歩数は、3,113歩～3,553歩（1分当たり34歩～39歩）でした。ペアごとの比較では、A組とB組についてはT.F.とM.T.のほうがパートナーよりも全授業で多くなりました。C組では、第5時限を除いてM.K.のほうがパートナーよりも多くなりました。

　　2. 授業時における3ペアの平均HRは、第5時限101.9±21.4拍／分～134.4±32.4拍／分、第6時限106.3±30.6拍／分～126.6±25.6拍／分、第7時限96.3±18.5拍／分～118.3±32.7拍／分でした。ペアごとの比較では、A組の第7時限、B組の全授業、C組の第5時限と第7時限の授業において有意差が認められました。

3. ダブルスゲーム時における3ペアの平均HRは、第5時限では107.2±17.7拍／分〜149.6±15.6拍／分、第6時限では116.4±14.9拍／分〜141.9±15.4拍／分、第7時限では110.5±19.1拍／分〜146.8±17.2拍／分でした。ペアごとの比較では、A組は第7時限、B組は第5時限と第7時限、C組は全授業において有意差が認められました。

以上、バドミントンの授業でのダブルスペアの歩数とHRについては、ペア間に差が生じる傾向がみられました。その要因としては、身体的特性の違いとともに、初級者レベルのプレイヤーに見られがちな余分な動作やペアの一方のみが多く打球すること及びゲームに対する意識の違いなどが考えられます。

### （3） シングルスゲーム中の心拍数と酸素摂取量の変動から運動強度を比較した研究の概要

第1次の研究では、ハーフコートのシングルスゲームを取り上げました。その理由は、これまで検討された一流選手や成人を対象としたバドミントンゲーム中の運動強度に関する報告をみますと、ダブルスよりもシングルスのゲームのほうが高いといわれているからです。一方、授業レベルのバドミントンに関する運動強度を検討した報告が少ないため、授業担当者の筆者は実践的研究を続けてきました。しかし、以下のような点を考慮した結果、今回はハーフコートのシングルスゲームの運動強度について検討しました。

1. これまでの実践は、ダブルスゲームのみを取り上げてきたこと。
2. 初級者のシングルスゲームは、技術の発展性からみると活動範囲（動き）が狭いこと。
3. 受講者数が9名と少ないこと。
4. 体育館施設の関係上（6コートとれる）、シングルスであれば1日に3〜4試合はできると予想されること。

ところで、バドミントンの試合中の運動強度については、一流選手や一般成人を対象としたものが多く報告されています。阿部ほか（1989）は、女子実業団1位チームの8名を対象に検討した結果、シングルスゲーム中のHRの平均が174.0±10.8 bpmであったと報告しています。また、広田と飯野（1990）

が実業団女子選手7名を対象に検討したものでは、シングルス及びダブルス中の平均HRが、180.3±5.6bpm及び150.6±6.2bpmになり、ダブルスゲーム中のHRのほうがシングルスゲーム中よりも低く、変動幅についても大きいと報告しています。さらに、Araragi et al.（1999）は一流女子大学選手1名を対象に公式試合における運動強度を検討しました。その結果、シングルスゲーム中の平均HRは162.0±16.4bpm、ダブルスゲーム中の平均HRが149.0±17.7bpmであったと報告しています。したがって、女子一流選手の場合はシングルスが160〜180bpm程度、ダブルスがそれよりも低値の150bpm程度になると推察されます。また、浅見ほか（1978）は中高年女子初心者6名を対象にシングルス及びダブルスゲームの運動強度を検討しました。その結果、シングルスゲーム中では、平均HRが146±18bpm、%$\dot{V}O_2$maxの平均が71.4±6.2%でした。また、ダブルスゲーム中の平均HRは121±15bpm、%$\dot{V}O_2$maxの平均は53.7±5.7%でした。つまり、初心者においてもシングルスのほうが運動強度は高くなる傾向がみられると推測されます。

　一方、岸（2001）は、授業におけるバドミントンのダブルスゲーム中のHRについて報告していますが、それによるとダブルス・ペア（3ペア）の平均HRは107.2±17.7〜149.6±15.6bpmでした。これに対して、伊藤ほか（1978）は、授業におけるゲーム中の平均HRについてダブルスでは152 bpm、シングルスでは167.5bpmと報告しています。本研究の結果を伊藤ほか（1978）の結果と比べますと、HR及び%$\dot{V}O_2$maxともにやや低い値でした。伊藤ほかは、ゲーム前に20〜30分間の基本練習を行い、その後にハーフコートのシングルスを3ゲーム連続（ストローク練習と休息を挟んで）行っています。本研究では開始直後に5分程度の基本ストローク・ショットの練習、1ゲームごとに対戦相手を変える、原則的にゲームは連続して行わない等が異なっていました。これらのことが、HRと%$\dot{V}O_2$maxの差に影響したものと考えられます。

　しかしながら、今回の授業は運動強度が最も低くて40%$\dot{V}O_2$maxを示し、最高では72%$\dot{V}O_2$max以上になっているため適度な教材であったと推察されます。また、一般学生を対象としたバドミントンの授業では、特別ルールの考

案や「場の工夫」が重要なポイントであり、受講生が少ない時、あるいはコート数を多く確保できる時には、ハーフコートのシングルスゲームを取り入れてみるのも良いかもしれません。

〈まとめ〉

第1次の研究ではバドミントンを取り上げ、ハーフコートのシングルスを11ポイント1ゲーム制で行いました。その結果、対象者4名のゲーム中の平均HRは、およそ115 〜 143 bpm でした。また$\dot{V}O_2$の平均は、およそ16 〜 22ml/kg/min であり、これは$\dot{V}O_2$max の40 〜 72%程度と推定されました。このことから、今回取り上げたハーフコートのシングルスゲームは、適度な運動強度の教材として扱える可能性が高いと考えられます。

## （4）　ダブルスゲーム中の歩数と心拍数の変動から身体活動量を比較した研究の概要

本研究を岸（2001）の報告と比較してみますと、対象者の身体的特性及び授業における活動時間の割合は、ほぼ同様でした。授業時の平均歩数については、2,406 歩〜 2,700 歩（1分間当たり 26 歩〜 30 歩）であり、岸の結果よりも低値でした。その理由としては、2,000 歩未満が数名いたことが影響していると考えられます。しかしながら、バドミントンのような運動形態では歩数計が構造上適切に作動しないことも予想される（波多野ら，1984）ため、今後はコート内の移動距離を併せて分析していかなければならないと考えられます。

授業時の平均HRは、第5時では 116.0±18.0bpm 〜 140.2±24.8bpm、第6時では 101.4±20.6bpm 〜 144.3±23.4bpm、第7時では 100.5±23.2bpm 〜 128.7±17.8bpm でした。一方、ゲーム中の平均心拍数は、第5時では 122.9±16.1bpm 〜 153.8±23.3bpm、第6時では 119.8±10.6bpm 〜 164.9±13.3bpm、第7時では 104.8±13.7bpm 〜 140.7±20.5bpm でした。これを岸（2001）の結果と比べますと、ほとんどが高値でした。本研究のほうが上回った理由としては、第3時でサービスのリターン練習を新たに加えたこと、長時間におよぶゲームが少なかったこと及び学生の授業への取り組みが積極的であったこと（授業者の主観による）などが考えられます。特にサービスリターンの練習

第3章　バドミントンの運動強度　*77*

成果がゲームに反映され、前年の授業で頻繁にみられた"羽根突きラリー"が減少したことによって、ゲームのスピード化を図れたことが大きいと思われます。また本研究の結果を伊藤ら（1978）の報告と比べますと、授業時及びゲーム中ともに低値でした。伊藤らの実践の平均 HR のほうが高値なのは、ゲーム前に 20 ～ 30 分間の基本練習を行っていることやゲームのマッチ数及び技能レベルが異なるためではないかと考えられます。

　一方、本研究の 10 ペアの授業時における平均 HR は、推定の HRmax の約 49 ～ 71%水準、ゲーム中の平均 HR は、約 51 ～ 81% HRmax に相当しました。呼吸・循環系の働きを強めて体力を向上させたり、生活習慣病を軽減するための効果を期待したりするには、少なくとも 60% HRmax の強さで 60 分間程度継続的に運動することが必要です（小宮，1999）。しかしながら、最近の知見（Sallis and Owen, 2000：佐藤ら，2002）では運動の時間を分散させて行い積算させる方法でも、ほぼ同様の効果が得られるといわれています。これらを勘案して本研究の授業時における HR をみますと、運動強度が少し低かったかもしれません。

　本研究では、ゲーム中の「サービス数」及び「ストローク数」の分析を加えました。その理由は、前年度の実践報告（岸，2001）でペアの一方に打球が偏る傾向がみられたために、今後の課題としてあげておいたからです。本研究のゲーム中の平均 HR については、延べ 22 例中 16 例に有意な差が認められました。またゲーム中の平均 HR に、サービス数及びストローク数を対応させてみますと、第 5 時では R.O.、N.S.、T.M.、第 6 時では N.S.、Y.F.、T.M.、第 7 時では T.O. が平均 HR、サービス数及びストローク数ともにパートナーよりも高値でした。さらに、第 6 時の R.O.、K.M.、T.I.、M.I.、第 7 時の Y.F.、K.M.、M.I.、E.T. については、サービス数よりもストローク数のほうに顕著な差がみられました。このことから、授業レベルのダブルスゲームではラケットスイングの頻度が多い（身体活動量が多い）者のほうが、HR も多くなると推察されます。

　今後は、ペアの一方に打球が偏る傾向のゲームよりも、さらに発展したゲームができるように指導していきたい。それらによって、ペアの両者に適度な運

動強度を確保させることが可能になると考えられます。

〈まとめ〉

本研究では、O女子大生を対象とする授業評価の一環として、バドミントンのダブルスゲームにおける10ペア（20名）の身体活動量を主に歩数とHRから検討しました。

結果は、以下のようにまとめられます。

1. 授業時の歩数は、第5時が1,303歩～4,078歩（1分当たり14歩～45歩）、第6時が1,258歩～5,590歩（1分当たり14歩～62歩）、第7時が1,544歩～4,204歩（1分当たり17歩～46歩）でした。

2. 授業時の平均HRは、第5時では116.0±18.0bpm～140.2±24.8bpm、第6時では101.4±20.6bpm～144.3±23.4bpm、第7時では100.5±23.2bpm～128.7±17.8bpmでした。

   ペアごとの比較では、A・B・C組は第5時と第6時、D・E組は第7時、H組は第5時と第7時及びJ組は全授業において有意差が認められました。

3. ゲーム中の平均HRは、第5時では122.9±16.1bpm～153.8±23.3bpm、第6時では119.8±10.6bpm～164.9±13.3bpm、第7時では104.8±13.7bpm～140.7±20.5bpmでした。ペアごとの比較では、H・J組は全授業、A・B・C組は第5時と第6時の授業、E・F組は第6時の授業及びD・I組は第7時の授業において有意差が認められました。G組については有意差が認められませんでした。

4. ゲームにおけるサービス数をペアごとでみますと、第5時は32回～68回、第6時では42回～71回及び第7時が45回～98回でした。ストローク数については、第5時は186回～295回、第6時では186回～384回及び第7時が124回～362回でした。

5. ゲーム分析によって、ペアの一方に打球が偏る傾向を明らかにできました。したがって今後は、ペアの両者に適度な運動強度を確保させる上からも、より多角的な攻撃法について指導していきたい。

第3章 バドミントンの運動強度 *79*

## （5） ダブルスゲーム中の心拍数と酸素摂取量の変動から運動強度を比較した研究の概要

　本研究の目的は、バドミントンの授業時における HR 及び $\dot{V}O_2$ を測定して運動強度を明らかにすることでした。その結果をみますと、授業時の平均値は約 60 ～ 65% HRmax、ゲーム中では約 69 ～ 73% HRmax、また % $\dot{V}O_2$max については授業時が約 32 ～ 35%、ゲーム中では約 46 ～ 47%の運動強度となりました。本研究では携帯型酸素消費量計（オキシログⅡ型）をリュックサックに入れ背負った状態で授業を受講したことで、プレイに多少の不都合が生じたことは否めないでしょう。これらの結果を先行研究と比較しますと、授業時及びダブルスゲーム中の HR については伊藤ら（1978）及び岸ら（2004）の報告よりも低いけれども、岸（2001）の報告とはほとんど同値を示しました。伊藤らは、ゲーム前に 20 ～ 30 分間の基本練習を行っているため、本研究の結果よりも運動強度が高くなったと考えられます。また岸ら（2004）の対象者は、本研究の 2 人に比べて身体的特性（体力水準）及びストローク技能が高かったことが運動強度に影響しているものと考えられます。$VO_2$ については、先行研究の報告が推定値のため比較できません。

　バドミントンでは、サービス権がある場合のみ得点となるため、一方的に勝つか負けた場合には、ダブルスのペア間にサービス数の差が生じたり、極端に少なくなったりすることが考えられます。対象日におけるゲームの得点結果をみますと、1 試合目が 5 点、2 試合目が 3 点、そして 3 試合目は 1 点もとれず、サービス数が 2 人合わせて 5 回と最少でした。このことは、対戦相手の 1 人が中学時代にバドミントン部員だったために技能レベルが高く、一方的に負けたからではないかと考えられます。しかし、4 試合目は連続得点の少ないシーソーゲームでサービス数も増え、結果は 11 対 9 で勝っています。それに対して、ゲーム中のストローク数については、2 試合目と 4 試合目でペア間に顕著な差がみられました。これは U.I. のほうがエンドの前方に動いて、相手からの返球を打つ回数が多かったからではないかと考えられます。また、スマッシュなどのオーバーヘッドストロークは T.Y. のほうが多く打っていました。このことは、中・高校時代にバレーボール部員だった経験がバドミントンのス

トローク技術の転移として生かされたものと考えられます。

　さらにサービスやストロークの技術が向上すれば競技力が増し、ゲームの様相も変化してくるでしょう。一例をあげれば、一般女子学生の授業レベルでは、シングルス及びダブルスゲームともにサービスリターンが甘いです。大抵はシャトルを打ってきた相手に安易な返球をします。その動きを考察しますと、シャトルを打つために腕を振る（動かす）程度の動きです。これではダイナミックな動きとならず運動強度も小さいです。それに対して中級以上のレベルになりますと、サービスリターンを安易にせず、自分で攻撃の組み立てをしていきます。ストローク技術であれば、まずは相手エンドの狙った位置に打ち出しができるようになります。このような技術を習得すると、コート内の動きにも拡がりが出るため、運動強度も高まるものと考えられます。

　また、里見ら（1991）がバドミントンの各種ストロークの運動強度を検討した結果が示すように、サービスの運動強度は他のストロークに比べてきわめて低く、スマッシュやハイクリアといったオーバーヘッドストロークは比較的高いと考えられます。授業レベルのゲームでは、サービスを失敗する場合が多い上に、攻守の際の運動範囲が狭くワンパターン傾向にあります。したがって、ゲームの運動強度を高める上で、①サービスを確実にできるようにさせること、②各種ストロークの基礎技術を習得させること、③基礎的なフットワーク技術を習得させること、④基礎的なゲームの戦術について理解させること、が基礎的プログラムで必要となるでしょう。

　前期に行った卓球の授業では、僅かな休憩しかとらずに 4～6 ゲーム程度を行いましたが、バドミントンの授業ではゲーム終了後に必ず休憩（2分～12分）をとるように指示してあり、その間は体育館のフロアに座って線審を務めていました。それにもかかわらず、2 人のゲーム中の平均が 47% $\dot{V}O_2$max 程度になりました。これらの結果は、卓球の授業についての報告（岸ら，2003）より高いものですが、体力向上や健康増進のために効果的な運動強度といわれている中等度の身体活動量（アメリカスポーツ医学協会，1993：MacAuley，2001）には及びません。

　最後に本研究では、携帯型酸素消費量計（オキシログⅡ型）を 2 台同時に用

いて$\dot{V}O_2$を直接測定しました。しかしながら、この機器は高額のため、受講者全員を同時に測定することは不可能です。測定の対象者を増やさなければならないことは分かっていますが限界もあります。現在のところ、地道なデータの積み重ねしかないと考えています。

〈まとめ〉

本研究の対象授業は、O女子大学の教養科目の体育関連科目でした。その対象者は一般女子学生でした。当該授業では前期に卓球、後期にはバドミントンを取り上げました。後期のはじめに本研究の趣旨を受講者全員に説明し、ダブルスペア2名が対象者に選出されました。その結果は、以下のようにまとめられます。

1. 対象者は携帯用心拍計を装着するとともに、携帯型酸素消費量計はリュックサックに入れて背負い受講しました。

2. 授業時の実質測定時間は 63 分間でした。また、ダブルスゲームを 15 ポイント 1 ゲーム制にしたところ、あわせて 4 試合（43 分間）が行えました。

3. 授業時の% HRmax の平均は、U.I. が 60.6±10.8%、T.Y. が 65.5±10.0% でした。また% $\dot{V}O_2$max の平均は、U.I. が 32.7±16.7%、T.Y. が 35.6±15.1%でした。

4. ゲーム中の% HRmax の平均は、U.I. が 69.1±6.3 %、T.Y. が 73.4±5.9% でした。また% $\dot{V}O_2$max の平均は、U.I. が 46.6±9.7%、T.Y. が 47.5±8.3%でした。

以上のことから、本研究の授業は体力を高めることや健康づくりに効果があるといわれている運動強度には少し及ばなかったものと考えられます。


注

1) 2015 年現在、全国レディースバドミントン選手権大会となっています。大会名の変更は日本レディースバドミントン連盟の公式 Web サイトによれば、平成 12 年度からとなっています。

2) バドミントンの中・上級者になると、切り返しプレイやオーバーヘッドストローク等がで

きるようになり、前後左右の動きにダイナミックさが加わります。いわゆる「プリングパ
ターン」(阿部と岡本，1985) のストローク・プロダクションを習得して運動範囲（移動距離）
が増加します。この頃のダブルスの特徴としては、プレイすることが2人の分担作業となる
のでパートナーが攻守を繰り返し打っているときは、当然、その一方の運動負荷は少なくて
済みます。しかし、ラリーが長く続いたり、攻防が激しいときは、パートナーが打っている
ときでも、身構えたり、カバーリング等の動作が常に要求されます。ラリー中、常に緊張し
た状態にあり、生体負担度も大きなものになります（関ほか，1982)。すなわち、パートナー
の動きに応じたフォローアップ・プレイ等ができるようになり、コンビネーションも向上す
ると考えられます。

3) 授業では各自の歩数及びエネルギー消費量を記録する「授業ノート」とゲーム結果を記録
する「対戦表」が用意されていました。それらと授業者の指導記録簿から算出しました。

4) その他、髙山と上條（1994) は、中年女子愛好者4名（41〜48歳）を対象に練習中の運
動強度を検討しました。その結果、ダブルスゲーム時（第1ゲーム〜第3ゲーム）の平均心
拍数は120.0〜167.3拍／分（66.7〜91.4% HRmax）でした。

# 第4章
## 近代バドミントンの競技規則と技術及び戦術

　本章においては、国際バドミントン連盟（International Badminton Federation ＝ IBF ）が設立された1934年（阿部・渡辺，2008）以降のバドミントンを「近代バドミントン」ということにします。


## 1　近代バドミントンの競技規則改正について

　近代バドミントンの競技規則は、1893年にイングランドでバドミントン協会（The Badminton Association）が結成された以降、「1898年から1901年にかけて、バドミントンのオフィシャルルールが激変し、現在のようなルールに落ち着いていったことが明らかになった」（蘭，2010）との報告があります。そのことを踏まえた上で、ここでは1934年にIBFが設立された後、IBFから年次的に発行されてきた『Handbook』に着目してみます。

　まず、イングランドバドミントン協会（Badminton Association of England ＝ BAE）によって発行されていた『Laws of Badminton』（IBF, 1939）についてみますと、そこには全21条と新たに注釈（INTERPRETATIONS）が4項目記載されています。条文の詳細をみますと第1条がコート（COURT）、第2条が支柱（POSTS）、第3条がネット（NET）、第4条がシャトル（SHUTTLE）や第14条がフォールト（FAULTS）及び第15条〜21条には一般規則（GENERAL）などが規定されています。これらはIBFが設立されたと同時に制定されたルール『Laws of Badminton』（1934）をさらに検討し

たもので、現在の競技規則の基礎が確立されたものと考えられます（高橋・今井，2002）。

その後、『Handbook』（1950年）と『Recommendations to Umpires, the Laws of Badminton』（1954年）が同じく IBF から発行されています。1949年及び1952年改正の『Laws of Badminton』で特筆すべき点は、シャトルに関する規則に追加がなされたことです。すなわち、同年に「合成シャトル」の作製に成功したため、それを必要とする国々では国内協会の承認があれば使用しても良いというものです。ただし、対象となったのはプラスチックシャトルのみでした（阿部，1987）。

『Laws of Badminton』（1939年改正版）第17条には、「レット」（やり直し）に関する次のような2つの規定がありました。「もしサービスでシャトルがネットに触れて、サービスコート内に入れば、それは"レット"である」。「もし、サービスあるいはラリー中に、シャトルがネットの上を通過した後で、ネット上に留まるか引っかかった状態になれば、それは"レット"である」（筆者訳）。けれども、1958年にはサービスにおける「レット」が廃止されました。この改訂自体はきわめて小さいものでしたが、試合方法には驚くほど大きな変化を与えました。それらによって、サービスの際にシャトルがネットコードに接触したか否かを確認する必要がなくなり、アンパイアなしで行われるゲームの不快さを避けることができるようになったからです（阿部，1987）。

IBF の年次総会（1963年）では、1939年改正版〈第14条（h）及びINTERPRETATIONS.2.（d）〉で「フォールト」に判定されることになったウッドショットに関する規定が見直され、再びセーフとなりました。これは今日でいうフレームショットのことです。1963年に改正された『Laws of Badminton』第14条（k）の後段をみますと、「シャトルがラケットのフレームやシャフトまたはハンドルで打たれたとき、あるいは、シャトルのコルク台と羽根の部分が同時に打たれたとき、それは違反ではない」（筆者訳）とあります。

2002年の改正では、女子ダブルスと混合ダブルスが従来の15点制から11点3ゲームマッチになりました（高橋・今井，2002）。また2006年には「サ

イドアウトスコアリングシステム」から「ラリーポイントスコアリングシステム」となり、すべての種目が21点3ゲームマッチに変更されました（IBF, 2006; Brahms, 2010）。同時に、これまで第3ゲーム（ファイナルゲーム）になった場合のみに第2ゲーム終了から5分以内の休憩（インターバル）が与えられていたのが、いずれかのサイドが11点に達した場合に60秒間の休憩と第1ゲームと第2ゲームの間並びに第2ゲームと第3ゲームの間にそれぞれ120秒間の休憩が取れ、しかもその間においてはコーチからの助言が認められるようになりました。一方で、セティングに替わって20点オールから先は2点リードしたサイドが勝つようになりました。ただし、最長でも30点で終了するため、従前に比べるとゲーム時間の短縮が見込まれます。

　これらの改正の背景には、身体への負荷の軽減が望めることはもちろんですが、いちばんの理由にはテレビ放送を意識したものがあったと考えられます。すなわち、従前に比べて1ゲームあたりの試合時間がおよそ見越せるようになることやインターバル時（60秒間並びに120秒間）にコマーシャルの放映時間が確保できる等があげられます。


## 2　近代バドミントンの技術の変遷について

　バドミントンの技術は、試合（ゲーム）で使えるようになるために習得するのが究極の目的といえます。それは、「基礎技術」と「応用技術」並びに「試合技術」に大別できます。しかしながら、本節では「基礎技術」を中心にまとめました。

### （1）基礎技術について

　ラケットの握り部分をハンドル（Handle）またはグリップ（Grip）ということもありますが、本節ではラケットの握り方をグリップと表記します。表4-1は、バドミントンのグリップに関する名称を専門書や教本等から抽出して、まとめたものです。

## 表4-1　バドミントンのグリップの表記

| 国内著書 | 握り方を示す表記 | 海外著書 (翻訳書含む) | 握り方を示す表記 |
|---|---|---|---|
| 伊藤ら（1964）伊藤（1969）角田（1975）関（1979）小島（1980）花岡（1982）梅野尾（1984）田郷（1984）池田（1984）大世古（1988） | ウェスタン・グリップ、イースタン・グリップ（シェークハンド・グリップ） | Davidson & Gustavson (1965) | Forehand grip Backhand grip (Thumb-up backhand grip) |
| 堺（1982） | ウェスタン・グリップ、イースタン・グリップ、イングリッシュ・グリップ | Brown (1971) | Forehand grip<br>Backhand grip<br>Panhandle or Frying-pan grip |
| 相沢（1983） | ウェスタン・グリップ、イースタン・グリップ、ハーフ・グリップ | Crossley (1973) | フォアハンド・グリップ、バックハンド・グリップ、フライパン・グリップ（ウェスタン・グリップ） |
| 阿部・岡本（1985）、阿部・渡辺（1985）、岸（2010） | フォアハンド・グリップ、バックハンド・グリップ、＊リストスタンド、サムアップ | Davls (1976) | Forehand grip, Backhand grip, Frying-pan grip |
| 阿部（1986） | ウェスタン・グリップ、イースタン・グリップ、＊リストスタンド | Hashman & Jones (1977) | forehand grip backhand grip |
| 関根・平川（1986） | フォアハンド・グリップ、バックハンド・グリップ | meyners (1983) | Vorhandgriff, Rückhandgriff |
| 銭谷（1987）（1990） | シェイクハンド・グリップ、バックハンド・グリップ、ウェスタン・グリップ、＊サムアップ、リストスタンド | 彭美丽等（2001）肖杰等（2008） | フォアハンド・グリップ、バックハンド・グリップ |
| 関ら（1989） | ウェスタン・グリップ、イースタン・グリップ、イングリッシュ・グリップ（コンチネンタル）、サムアップ・グリップ | Downey (1978)（1990） | forehand grip, backhand grip, multi-purpose grip |
| 平川・胡（1994） | フォアハンド・グリップ、バックハンド・グリップ、＊親指を立てる | 中国ジュニア BD 訓練教材編集 T (1998) | イースタングリップ〈フォアハンド・グリップ、バックハンド・グリップ〉 |
| 廣田・飯野（1994） | フォアハンド・グリップ、バックハンド・グリップ、＊親指をつける、リストスタンド | Grlce (1996)（2008） | forehand grip〈pistol or handshake grip〉、Eastern forehand grip, thumb-up grip |
| 飯野（2001） | バックハンドグリップ、イースタングリップ、ウェスタングリップ（フライパングリップ）＊1つのグリップではすべてのストロークに対応できない。 | Edwards (1997) | Forehand Grip, Backhand Grip, Pan Handle Grip, Multi-Purpose Grip, Short Grip |
| 平川（2004） | イースタングリップ、バックグリップ（ベースグリップ、）、バック・サムアップグリップ（応用グリップ）、ネット前でのグリップ | Paup & Fernhall (2000) | Forehand Grip, Backhand Grip, Frying pan (or hammer) grip〉 |
| 小島（2006） | イースタングリップ（フォアハンド、バックハンド）＊サムアップ、リストコック | 拉尔夫・法彼西等（2008） | 通用握拍法、正手击球的正手握拍法、反手击球的反手握拍法、网前突击的握拍法 |
| ウェンブレー・バドミントンチーム（2009） | イースタングリップ（フォアハンド）、サムアップグリップ（バックハンド）＊リストスタンド | Brahms (2010) | universal grip, short grip, long grip |
| 池田（2011） | イースタングリップ、バックハンドグリップ、ウェスタングリップ | | |
| 舛田（2011） | イースタングリップ（フォアハンド、バックハンド）、ウェスタングリップ | | |

第4章　近代バドミントンの競技規則と技術及び戦術　*87*

　バドミントンのグリップの名称は、テニスからの影響が大きいと考えられます。近代バドミントンが英国で生まれたにもかかわらず、「イングリッシュ・グリップ」という名称は堺（1982）と関ら（1989）しか使っていません。これは米国経由で我が国にバドミントンが移入されたことに関連があるかもしれません。「シェークハンド・グリップ」という名称は、卓球ラケットの握り方の主要な名称のひとつでもあります。バドミントンでは、伊藤ら（1964）ほか9例（伊藤；1969，角田；1975，関；1979，小島；1980，花岡；1982，梅野尾；1984，田郷；1984，池田；1984，大世古；1988）と銭谷（1987, 1990）だけでした。近年に目を向けますと Brahms（2010）は、「universal grip」と「short grip」及び「long grip」という、これまでにみられない名称を用いています。

　まず、「フライパン・グリップ frying pan grip」は初心者にみられる握り方ですが、テニス肘と同様な障害を起こす可能性があるので望ましくないと述べています。そして、初心者のうちから正しいグリップを習得したほうが良いと説いています。正しいグリップとしては、「ユニバーサル・グリップ」を推奨しています。このグリップは万能なグリップですが、その変形（バリエーション）として「ショート・グリップ」と「ロング・グリップ」をあげています。前者は、ネット近くの「一打で決められる」ショットや「ドライブ」のように長いバックスイングを必要としない時に使われます。後者は、原則としてすべてのストロークで使われますが、「スマッシュ」に最適だと述べています。またエリートレベルの選手は、「ユニバーサル・グリップ」のバリエーションを状況に合わせて行い、左または右に30度までラケットを回転させていると記しています。

## （2）サービスについて

　サービス本来の意味は「奉仕」「世話」等といわれています。この精神、すなわちネット越しの対戦相手に向かって攻撃的でないアンダーハンドサービスを行うことは、近代バドミントンが成立して以来続けられています。一時期、リバース・スピニング・サービスを行う選手が1980年代初頭に出現しました

が、たちまち禁止となりました（阿部・渡辺，2008）。ただし、IBF の競技規則ではサービス時の羽根打ちが禁止されているものの、スピンをかけてはいけないとはどこにも明記されていないため、この問題が完全に解決したわけでないとの指摘があります（高橋・今井，2002）。筆者は、近代バドミントンが成立してから受け継がれてきた'攻撃的でない'アンダーハンドサービスは、これからも伝承しなければならない技術だと考えています。

　ショートサービスは、以前はフォアハンドで行い、ダブルスで用いることがほとんどでした。筆者が大学生の頃（1970 年後半）も、大方がフォアハンドからのショートサービスだったと記憶しています。しかしながら、現在ではほとんどがバックハンドから行うものとなり、シングルスでも用いられています。特に、男子シングルスにおいては多用される傾向にあります。では、いつ頃からバックハンドのショートサービスが出現したのでしょうか。それについては、1963 年の親善試合で来日したインドネシアの女子選手（ミナルニ、レトノ、その他）がバックハンドのサービスを行い、それ以後、日本でも一般的になったと記されています。また過去においては、日本の男子（水谷選手）が唯一行ったことがあるようです（兵藤，1972）。いずれもショートとは記されていませんが、バックハンドのショートサービスと推察されます。

　そこで、1963 年前後に出版された文献を調べることにしました。前述の『WINNING BADMINTON』（Davidson & Gustavson, 1964）には、「low serve」がイラスト図で紹介されていますが、フォアハンドのものでした。もっとも、当該本の初版が 1953 年なので、バックハンドからの「low serve」は説明されていなくても不自然ではありません。一方、我が国で 1960 年代に出版された文献（伊藤，1969）では、バックハンドからの写真（インドネシアのタン・ヨー・ホッグ選手）が掲載されていました。コメントはバックハンドサービスとなっていますが、これは、おそらくバックハンドでのフリックサービスのことだと考えられます。したがって、未だにバックハンドからのショートサービスが、いつ、誰によって考え出されたかの確証は得られていないため、引き続き調査したいと考えています。

第4章　近代バドミントンの競技規則と技術及び戦術　*89*

## （3）　ストロークとショットについて

　手元にある最古のバドミントン本の筆者ジャクソンとスオン（1957）は、ストローク（羽根の打ち方）として①ドリブン・フライト（またはドライブ）、②クリヤー（またはロブ）、③スマッシュ、④ドロップ、⑤ネット・フライト（ヘアピン）、をあげています。これは、原著が手元にないので不明ですが、訳者がストロークとしてしまった可能性も否めません。筆者ならば、ストロークよりもフライト（羽根の飛び方）またはショットと表記するでしょう。これに対して、基本的なストロークには次のような4つの型があると記しています。すなわち、シャトルが「自分の身体の右側から飛んできたときに使う」フォアハンドストローク、それとは反対の「左側から飛んできたとき」はバックハンドストローク、そして「頭の真ん前からまたは右肩の上方から落ちてくる」シャトルを「ラケットと腕を伸ばしきったリーチ」で打つオーバーヘッドストローク及び「ネットのすぐ間近に落ちてきた」シャトルを「リターンする」のに使うのがネットストロークと記しています。筆者はラケットでシャトルを打つ動作を「ストローク」、ストロークによって生み出されるシャトルの飛行（フライト）を「ショット」と定義しています（岸，2010, p.10）。

　次に、1920年代から80年代までの概要については、先行研究を引用して著すことにします。1920年代のトマス選手やデブリン選手らは、すでに攻守の基本的な形態を完成させていました。1950年代では、マラヤのスン選手がリストスタンドの効いた打法で新しいパワフルバドミントンへの道を開きました。同じく〈エディチョン・ジャンプ〉で著名なマラヤのチョン選手は、持久力がバドミントンに欠くことができない要素であることを示したプレイヤーでした。そのチョン選手をパワーで粉砕したのはデンマークのコプス選手であり、彼のパワフルなストロークは、それらを軸にして生み出されるデシーブなショットに新しいスタイルを可能にしました。とりわけ強力なバックハンドストロークは、その後のバックハンド技術の基本となりました。また、コプス選手を破ったのは、ソネビル選手やホク選手らのインドネシア勢でした。彼らはパワーのバドミントンに速い動きが伴っていました。こうしたスピード化への傾向はマレーシアのハン選手を経て、インドネシアのハルトノ選手によって頂

点に達しました。さらに1980年代には、中国選手の台頭へと継承されていきました。一方、この時期のダブルスは、デンマークのコペロ選手によって新たな幕開けを迎えました。その多彩なネットショット技術は、ネット際を制する者はダブルスを制するという原則を生み出しました。しかし、こうした技巧を破ったのはマレーシアのタン選手とブンビー選手組のパワーでした。さらにこのパワーのダブルスは、スピードとテンポを主軸にして強力なスマッシュとドライブを用いて徹底したセンター攻撃をくり返す、インドネシア勢に打ち破られてしまったのです（阿部，1987）。

　日本の1938年頃は、「ドリブン・フライト、ハイクリヤー、スマッシュが主で、ドロップショットはおこなわれず、たんにネット近くに落とす程度のものであった。また、ヘアーピン・フライトが少々用いられたが、今日のものと比べものにならないもので、クロスはほとんど用いられず、たんなるヘアーピン・フライトであった」といわれています。1956年には、マラヤ及びフィリピンから2選手を招待して東京で親善試合が行われました。「彼らのリストでのスマッシュの強さ、スマッシュをコート中央でインターセプトして、リターンしてくるシャトルコックはバックライン近くまで戻ってくる。そのリストの強さに一同驚嘆するばかりであった」ようです。1964年には第6回トマス杯インター・ゾーンが東京で行われ、「デンマークの誇るバックハンドをフォアハンドなみに使う、コップス選手、ダブルスにおける見事なラケットさばきのコペロ選手、フォアよりもコントロールの良いバックハンドのタイのチャロン選手―（中略）―、高打点からの正確なスマッシュとドロップのインドネシアのソネビル選手、バックハンドサービスとネットからの素早いクロス・ドライブのインドネシアのホッグ選手たちに接し、大いに勉強になった」ようです（兵藤，1972）。1969年には、「ハイバックからの処理の完璧さで、湯木博江選手が全英チャンピオンになった。また、第5回ユーバー杯チャレンジ・ラウンドが東京で開催された。日本は初防衛に成功するとともに、バックハンドでの処理はほとんどの選手がスムーズに行えるようになり、特に追い込まれた時でも相手のバック・コートにリターンするだけの力が備わってきた」と記されています（兵藤，1972）。

第4章　近代バドミントンの競技規則と技術及び戦術　*91*

　以上のことから、1980年代までの日本男子においては、外国勢のバックハンドストロークやスマッシュ、ドロップ、クロス・ドライブなどのショット技術に引けを取るところが多々あり、国際大会での戦績は振るわなかったようです。しかし日本女子においては、1960年代後半からバックハンドストロークの技術を習得したことで、世界との技術差はほとんどなくなったと考えられます。


## 3　近代バドミントンの戦術の変遷について

　本節では、我が国において比較的初期に出版（翻訳）された書籍並びに近年出版された書籍を取り上げ、その概要について述べます。

### （1）　シングルスについて
#### 1）　戦術（戦法）に関わる基本的な考え方
　ジャクソンとスオン（1957）は、「普通のプレイヤー達がよく犯す誤り」として、4つあげています。それらは守備の心構え（戦術）と考えられ、次のように解釈できます。①フットワークを活かしてコート中央の定位置に素早く戻ること、②ストローク前後に身体のバランスを崩さないこと、③ラケットはスイングに備えて構えておくこと、④技術的な弱点が無いようにしておくこと。これに対して攻撃の戦術は、次のように解釈できます。①自分の意図を敵に悟られないこと、②ストロークの際、相手の目を欺くように努めること、③できるだけ低めに打ち、相手が打ち上げざるを得ないように仕向けること、④相手が予期しない地点を狙うように努めること、⑤ラリー中に相手の弱点を見つけ、そこを狙って打つこと、⑥相手の守備位置を片寄らせること、⑦相手のストローク力は、試合開始後できるだけ早くに見抜くこと、⑧相手が最大努力で届く場所に打ち返せば、体力も消耗させることができる、⑨相手をできるだけバック・コートに釘づけにさせること、です。
　以上のことから、守備では隙をつくらないことが、相手に攻撃のチャンスを

与えない戦術となるでしょう。攻撃では相手の動きや技能レベルを試合開始後の早期に見極め、弱点を狙うように組み立てることが基礎的戦術だと考えられます。

伊藤ら（1964）は、第7章作戦の要点と各種のストロークの「作戦上の3原則」として、①相手を前後に揺さぶること、②相手を左右に揺さぶること、③スピードの変化による眩惑戦法を記しています。そして、「前述の3原則の目安を基にして、相手からの攻撃的なストロークが送られてきた」場合、どのように防御または攻撃に転ずるかを明示しています。防御するには、①相手からのフライトの性質を早く見極めること、②相手の位置及び体勢を判断すること、の2つをあげています。①では、アンティシペーション（予見力）の重要性を説いています。②では、相手の位置及び体勢を判断することは難しいが、生の知覚、すなわち経験知によってそれらは磨きがかかる、と説いているように考えられます。

これに対して、攻撃をする上での位置と場所に関するものとして、試合中に「相手の得意ストロークがわかってきたら、そういうストロークを打つのに都合の良いコース」には返球しないことなど4点をあげています。方向に関するものとしては、「常に事情の許す限り、下向きにシャトルを打ち込むようにする」など4点をあげています。さらに、スピード、コース、タイミングの変化に関するものとして、相手の動きの逆を攻めることや意表をつくようなショットを駆使するのもバドミントンらしい作戦だと説いています。これらのことから、上記の「作戦上の3原則」等は、初心者が覚えておくべき基礎的理論とも捉えることができます。

ダビドソンとグスタフソン（1965）は、シングルスとダブルスの戦術について多くのページを割いて説明しています。シングルスでは、①基本作戦、②高く深いサーブ、③適度の長さ、④種々のサーブ、⑤コート上の位置、⑥思慮深いプレースメント、⑦角度の研究、⑧クロス・コート・ショット、⑨アンダーハンドのネット・リターン、⑩クロス・コート・ショットの功罪、⑪スピードのコントロール、⑫お決りの癖をさけよ、⑬プレイの微妙な点、⑭サーブに対するリターン、⑮攻撃の変化、を取り上げています。その中で、⑦はリターン

第4章　近代バドミントンの競技規則と技術及び戦術　*93*

の角度について記していますが、「守備の際にはできる限り狭くし、一方、攻撃の際にはできる限り広くするように心掛けるべきだ」と述べています。また、その原理として「リターンの角度を狭くする」「センターへのサーブ」「サイドラインへのサーブ」「中央の守備位置」「極端な位置を占める際に陥りやすい失敗」及び「角度の変化」が示されています。このように、ダビドソンとグスタフソンは自らの経験に基づいた多角的視点から、攻撃ならびに守備の戦術について、初心者でも理解しやすいように図や写真を用いて説明しています。そのため、初心者が戦術を学ぶ上で参考になることが大いにあると考えられます。

　ダウニィ（1990a）は、第7章で3つの基礎的なムーブについて記しています。すなわち、シングルスにおいては試合中の各ラリーのすべてにわたって、スコアリング・ヒットのできるシチュエーションをつくり出そうと努めることになるために、3つのムーブが必要だと記しています。それは、①リアコートへシャトルを打つクリアあるいはロブを使って、相手の頭上を越えて、相手コートのいずれかのサイドに落とす、②フォアコートへシャトルを打つドロップショットかネットショットを使う、③ミッドコートの両サイドあるいはセンターへシャトルを打ち下ろすスマッシュを使う、の3つですが、そのように打つための基礎的ストロークに必要なものは、「ハイ・サーブ、ロー・サーブ；オーバーヘッド・クリア、ドロップそしてスマッシュ；スマッシュに対するブロック、ロブ、プッシュ；フォアコートにおけるロブあるいはネット・リプライである」と述べています。もう1つ重要なのは、サーブ・ムーブです。基礎的なサーブ・ムーブにはハイ・サーブとロー・サーブがあります。前者に備えて、レシーバーは「バックワード・アタッキング・スタンス」をとり、ミッドコートに構えることになります。

　一方、後者に備えるため、レシーバーは「フォアワード・アタッキング・スタンス」をとり、フォアコートへのどんな球種に対しても攻撃できるように準備しておく必要があります。さらに、基礎的なスタンスについての考え方から、プレイヤーが守るべき一般的な留意事項を5点あげていますが、それらの紹介は省略します。これらのことから、シングルスにおいてはスコアリング・

ヒットのできるシチュエーションをつくり出すための「3つの基礎的ムーブ」
が必要なことが分かりました。

　飯野ら（2003）は、シングルスの戦法について解説しています。それによる
と、試合では「相手の特徴を把握し、弱点を攻める」「いろいろなショットを
打つことによって、次にどのショットを打つのか相手に予測しづらくさせる」
「動くスピードに緩急をつけ、シャトルを打つテンポやショットに変化をつけ
る」「相手の脚を瞬間止め、反応時間を遅らせることによって、相手の返球コー
スやショットが予測できる。その結果、次にプレッシャーを与えるショットが
打ちやすくなる」「相手の返球コースや返球ショットを制限するショットを打
ち、次でさらにプレッシャーを与えるショットを打つ」「相手がショットを打っ
たエリアへ2度、3度と繰り返し打つ」「慣れていないコースへ打ちエラーを
誘う」等があり、これらの攻撃が勝利への道に繋がると示唆しているように考
えられます。

## 2）戦術（戦法）に関わる留意点など

　ジャクソンとスオン（1957）は、〈べからず集〉で12点あげています。そ
の中で主要なものとしては、①自分の計略を相手に悟られないようにする、②
相手の試合ペースに乗らないようにする、③ラリー中は足の裏全体を床に着け
ない、④ラリー中はシャトルから目を離さないようにする、があげられます。
ここでは、精神的・心理的な面も強靭にしておくことの重要さを説いていると
考えられます。

　伊藤ら（1964）は、シングルスの作戦として、相手を5か所に動かすのが
シングルスのゲームだと述べています。5か所とは、コートの四隅と相手の身
体です。すなわち、相手をいずれかの隅に動かせば隙間ができるので、そこを
攻めるのが常道です。また、身体を狙った強打は処理が難しいため弱点とな
ることもあります。など、シングルスにおける攻撃の一般的原則を示していま
す。これらの原則は、初級レベルのプレイヤーを対象とするのであれば、現在
でも十分に通用すると考えられます。

　ダビドソンとグスタフソン（1965）は、第1部初級バドミントンの「基本
的作戦」の項で、シングルスの要点を次のように述べています。「相手を走ら

第4章　近代バドミントンの競技規則と技術及び戦術　95

せ、シャトルをこちらのミッドコートあたりに短く打ちかえさせて、それを
スマッシュによって適当な位置に打ち下ろし、ポイントする」「調子のよいラ
リーをスタートするためには、まず、ハイ・サーブを深く、即ちシャトルが
ベース・ラインの上あたりから急に落下するように打つこと」「クリアを打つ
時には、深く打つことに注意し、ドロップショットを打つ場合には、シャトル
をネット近くで急角度で下降させ、相手方のショート・サービス・ラインの十
分前に落下するように打つこと」「相手を多く走らせようと思えば、コートの
4つのコーナーを使用する」そして、「深いバックハンドのコーナーがしばし
ば弱点であることを記憶すべきである」など、現在でも初級レベルの指導にお
いて適用可能な基本原則を示しています。

　ダウニィ（1990a）は、第1章ゲームの構造において、「戦術と攻撃原則」
について記しています。それによれば、戦術は「ゲームの最も重要な部分であ
り、ゲームに意味を与えるものである」が「ゲームの中で、ストローク、身の
こなし、体力、プレイヤーの態度などと同じような働きをするものではない」。
それらは、「形のあるものとして見ることはできないが、考えの基本となるも
ので、プレイヤーがゲーム中にコート上で行うどんなことにも意味を与える
ものであり、戦術以外の全てのものがどのような範囲で用いられ、相互に関係
するかを決める」と述べています。また攻撃原則は、「常にスコアリング・ブ
ロー（＊決め球になる一撃）をなすことのできるシチュエーション（状況）を
作り出すようにトライせよ」と述べています。そして、攻撃原則は「バドミン
トンを攻撃的なゲームとして展開する際の最も重要な原則であり、一般的な戦
略（ストラテジー）、つまりある戦術を用いるための理論的根拠を提供してく
れるものだ」と記しています。

　もう1つ大事な用語として「ストローク・ムーブ」をあげています。すなわち、
「もし戦術がゲーム中のムーブ（＊将棋などでいう指し手に相当するもの）だ
とすると、ストロークはムーブをなすための手段になる。もしプレイヤーがゲー
ム中に攻撃原則を適用するなら、その時ストロークは単にストロークで終わら
ずに、ストローク・ムーブ（＊将棋の例でいえば、さしずめ指し手を考えたス
トローク）になる」と述べています。このように、彼はゲーム構造をムーブと

シチュエーションの関係性から理論的・科学的な手法を用いて説明していると考えられます。

飯野ら（2003）は、バドミントンの戦法を「対戦相手にプレッシャーを与えるショットを打ちエラーをさせるように仕向ける方法と、対戦相手からプレッシャーを与えられた場合に対応する方法」と定義しています。例えば、中級レベル以上の選手に対する戦法は、「対戦相手に断続的もしくは継続的に厳しいショットを打ちプレッシャーを与えると、力みや焦りが生じた対戦相手は、次からプレッシャーを与えられないように、①サイドライン際を無理に狙う、②スマッシュやクリアーなどでプレッシャーを与えると相手のバックバウンダリーラインいっぱいに返球しようとする、③ネット際を無理に狙う、④単発勝負に出る。などして、エラーが発生しやすい心理状態になる」と記しています。このような心理的なプレッシャーは対戦者双方に生じ、ショットミスによって自滅したほうがゲームを失う可能性が高いと推察されます。

## （2）ダブルスについて
### 1）戦術（戦法）の基本的なフォーメーションまたはシステム

ジャクソンとスオン（1957）は、4つの戦法（フォーメーション）について紹介しています。それによれば、①サイド・バイ・サイド戦法は、味方のコートをほぼ2等分して受け持ち区域とするものです、②前後衛戦法は、混合ダブルスの場合ごく一般的に用いられ、2人の受け持ち区域がきわめてはっきりしているところが特徴で、女子が前衛で男子が後衛となります、③ダイアゴナル戦法は、①の戦法と②の戦法とを組み合わせたもので、サーバーもしくはレシーバーがゲーム開始のサービスにすぐ引き続きネット際に接近した場合に用います、④ローテーション戦法は、試合中2人のプレイヤーが互いに自陣内を巡りながら戦いを進めるものです。

また、伊藤ら（1964）は①サイド・バイ・サイドの陣型、②トップ・アンド・バックの陣型、③ダイアゴナルの陣型、④ローテーションの陣型を示し、一方のダビドソンとグスタフソン（1965）は①サイド・システム、②フロント・アンド・バック（前後式）、③ダイアゴナル（対角線式）、④ローテーション（回

転式）をあげています。さらに、ダウニィ（1990b）も攻撃のフォーメーションとして、フロント・アンド・バック・アタック・フォーメーション（チャンネル・アタック・フォーメーションを含む）とサイド・アタック・フォーメーション、守備のフォーメーションとして、サイド・ディフェンス・フォーメーション（サイド・バイ・サイドを含む）とダイアゴナル・ディフェンス・フォーメーションをあげています。

　これらの名称は異なる箇所もありますが、戦法の陣型と攻守の原則については、ほとんど現在まで変わっていません。そのため、新たなフォーメーションが出現するのを待っているのは筆者だけでしょうか。

### 2）戦術（戦法）に関わる留意点など

　ジャクソンとスオン（1957）は第9章ダブルスのチームワークの項で、試合前の「打ち合わせ事項」として、次の5つをあげています。①サービスをレシーバーがショート・リターンしてきたらペアのどちらがカバーするか、②サービス直後にネット際をカバーするのはどちらか、③オーバーヘッド・フライト及びコート中央付近に低めのドライブがきたらリターンをどちらが受け持つか、④パートナーがスマッシュ・リターンをした場合のネット際をカバーするのは誰か、⑤左利きと右利きとのペアの場合、前記4点以外にも詳しく打ち合わせること。また、「チームワーク覚え書き」には13点があげられています。そのうち、前衛は試合中ネットに近づきすぎないようにする。並びに、前衛が後衛の守備地域にまで後退しないことをあげていますが、これらは混合ダブルスの場合だと述べています。

　伊藤ら（1964）はダブルスの作戦として、相手を左右前後に動かしてミスを誘い、相手がネット付近でポップ・アップするか、短く浅いフライトを打つように追い込む。また、ダブルスの陣型の打ち合わせとして、以下の5つをあげています。①味方のサービスを相手がショート・リターンしたら、どちらが前進してカバーするか、②コート中央付近に低めに飛んできたドリブンクリアやドライブのリターンをどちらが受け持つか、③サービス直後のサーバーの頭上後方を急襲してくるドリブンクリアをどちらが打ち返すか、④1人がスマッシュした際に、打った本人がネット際に出て相手のショート・リターンをカ

バーするか、あるいはもう1人のほうが出ていくか、⑤その他、左利きのプレイヤーを交えた場合等、と示しています。これらの打ち合わせ事項は、普段の練習によって獲得されるものであり、確認しておきたいコンビネーションと考えられます。

　ダビドソンとグスタフソン（1965）は、ダブルスの守備の戦法として、次の2点をあげています。①攻撃側のチームワークを研究する、②攻撃の打破、①では守備の際、プレイヤーは常に陣地内にシャトルがスマッシュされることを予期して警戒するように説いています。②では得点に結びつくような無防備な空間がない場合、再びクリアを返して、相手に打ち下ろし続けさせるよりも、むしろ相手ペアの1人に打ち上げるようなショットを行うように説いています。また、混合ダブルスにおけるサーブの戦法では、ロー・サーブや強く打つハイ・サーブ以外に多様なサーブを考えて打つように勧めています。

　さらに、チームの協力としては、パートナーの意志が完全に調和を保って働き得るようにすることが必要だと結んでいます。本書は初級者向けと上級者向けの技術と戦術について、多くのページ数を割いています。原著の初版本は1953年に刊行されたものです。近代バドミントンが米国経由で日本に移入されたことを推し量れば、前述の『バドミントン入門』（＊初版本は1939年刊）とともに、以後の日本バドミントン界発展の基礎をつくった名著だといえます。そのため、近代バドミントンの初期における技術や戦術を学ぶ上で欠かせない史料だと考えられます。

　ダウニィ（1990b）はシングルス同様に、第1章でゲームの構造について記しています。彼はダブルスゲームの構造を分析し、戦術的な「フレームワーク」という概念を用いています。このフレームワークは、「相手に勝つために、どんな戦術を用い、攻撃や守備においてペアの1人としてどのように連携し、機能していくべきかを決定するのに役立つ」と述べています。そして、戦術は「プレイヤーの思考をうつし出すばかりでなく、思考のないことをもまたうつし出す。戦術として、他のものではなく、これでなければならないというものを選択する時には、プレイヤーは、1つの基本的な原則、つまり攻撃原則（常に、決め球を打てるような局面をつくり出すように努める！）をとるべきだ」

と述べ、そのゲーム中の局面を簡単に識別するために、コートをリアコート（RC）、ミッドコート（MC）、フォアコート（FC）の主要な区域に分けています。またダブルスの場合、「戦術の選択は、プレイヤーの技能の程度ならびに体力や態度に関わるものである」から、「ペアは攻撃原則に従って採用した戦術を実行に移す能力の持ち主でなければならない」と説いています。このように本書は、チャート形式でフレームワークが示されているところに特徴があると考えられます。なお、チャートとは「ゲームの中で進行するすべてのことを1つの表」にまとめたものです。

　飯野ら（2003）は、ダブルスの基礎的知識として「フォーメーションの名称」「ダブルスの原則」「ダブルスの心理」を記しています。その後、ダブルスの戦法として、まず「対戦相手の特徴を把握し、弱点を攻める」と「いろいろなショットを打つことによって、次にどのショットを打つのか対戦相手に予測しづらくさせる」をあげ、パターン練習もできるようにモデルケースを記しています。次に、「対戦相手の脚を止め、反応時間を遅らせることによって、相手の返球コースやショットを予測する」をあげています。これは若干体勢に余裕がある場合、意図的にインパクトのタイミングを遅らせることで可能となります。さらに、「後衛のアタックで返球コースを制限し前衛が決める、もしくは、プレッシャーを与えるショットを打つ」「後衛がフォーメーションの弱点を突き、甘い返球をさせる」「スマッシュレシーブから攻撃に移る」「中間地点からドライブを打ちプレッシャーを与える」「つなぐ球を工夫して、次のショットでプレッシャーを与える」「左利き選手と右利き選手が組んだ場合の攻撃パターンモデル」について、詳細な図解を示しています。これらはゲームにおける1場面（ラリー）を抽出したパターンといえます。ダブルスは、4名のプレイヤーの技能が最大限に発揮されると最高のゲームになります。勝つための戦術は、対戦相手によっても変わってきます。そのため、ゲームから抽出されたさまざまなパターン練習を行い、それらを習得して試合で応用できるようにすることが大切だと考えられます。

# 第5章

# バドミントンの指導体系論

## 1 バドミントンの特性について

バドミントンは、ラケットとシャトルを用いて行うネット型のスポーツです。このスポーツは、ネットを挟んで対峙するので、競技中、プレイヤーの身体接触がありません。そのため、相手側のエンド（＊バドミントンでは、コートをネットで2分した区域をエンドという）にシャトルを返すことが必要条件となります。

筆者ら（1993）はバドミントンの競技的特性及び競技規則（正式ルール）にこだわらず、息抜きやストレス解消などのために行う場合のレクリエーション的特性（以下、レク的特性という）を下記のように報告しました。

| ◎競技的特性 | ・ネットを挟んで対峙したプレイヤーが、シャトルとラケットを用いて打ち損じるまで交互に1回ずつ打ち合う、シングルスとダブルスからなる競技である。 |
| --- | --- |

| ◎レク的特性 | ・シャトルを落とさないで、ラリーが続くようになると楽しい。<br>・シャトルのフライトの変化に応じた身のこなしができ、打ち返せるようになると楽しい。<br>・ショットが決まると楽しい。<br>・ダブルスのゲームで、ペアが協力して勝てると楽しい。<br>・ラリーが続かないと面白くない。<br>・対戦相手が強すぎると面白くない。 |
| --- | --- |

| ◎レク的特性 | ・ダブルスのゲームで、ペアの呼吸が合わず、うまく返せないと面白くない。 |
| | ・シャトル自体が悪くなり、飛びすぎるか、あるいはほとんど飛ばなくなってしまうと面白くない。 |

　競技的特性は、「一般的特性」ともいわれています。コート中央のネットを挟んで、1対1のプレイヤーが対戦する試合をシングルス、2人対2人の試合がダブルスです。シャトルをラケットで打ち、相手エンドに規定の方法でサービスを出して、レシーバーが打ち返せばラリーの開始となります。シングルス及びダブルスともに、プレイヤーは空中に飛んできたシャトルを1回で打ち返さなければなりません。

　これに対して、レク的特性は学校体育では、「学習者からみた特性」といわれているものに相当します。行うバドミントンの初歩的・初級的段階では、これらの特性を享受できるような練習プログラムが必要だと考えています。勝敗を競うバドミントン（競技バドミントン）では、ミスを誘い、ラリーを途切れさせることが得点に結びつきます。しかしながら、レクリエーションとしてのバドミントンでは、相当数のラリーが続くと楽しいと感じます。また、意図したショットが決まって得点できると嬉しいです。しかし、対戦相手が強すぎるとやる気がなくなるため、特性を留意しておくことが重要でしょう。


## 2　バドミントンの指導体系について

### （1）　運動発達を考慮した指導について
#### 1）　技能段階からみた分類

　図5-1は、バドミントンを技能水準に応じてまとめたものです。まず、左端に目的別の分類を「競技的バドミントン」（以下「競技的バド」と略す）、「愛好的バドミントン」（以下「愛好的バド」と略す）、「教科的バドミントン」（以下「教科的バド」と略す）としました。そして、「初心者」から「上級者」までを系統的に分類し、その下部には予想される対象者をあげました。ナショ

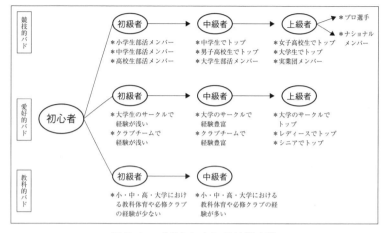

図5-1 バドミントンの技能水準

ナルチームのメンバーとプロ選手（日本にはプロ選手はいない。しかし、メジャー大会の多くが賞金を出しているため、アマチュアともいえないだろう）については、別扱いとしました。

「初心者」とは、バドミントンのラケットやシャトルに初めて触れる人、または、羽根つき遊び程度の経験がある人を指し、これに「初級者」を加えて初歩的段階としました。

### 2) 系統発展的な指導体系の必要性

バドミントンは、幼児から高齢者、あるいは障害者に至るまで、個々の実態に応じて指導法やルールを工夫しさえすれば、楽しむことが可能なスポーツです。しかし、バドミントンの指導に関する入門書や教本類には、スキー（全日本スキー連盟，1987）や水泳（木庭・山川，1978：体育推進会議，1986）に比べて、練習内容の乏しいものが多いです。中でも、「初心者」や「初級者」に対する練習課題は系統性や発展性がほとんどないと考えられます。

初歩的段階における指導の場合には、まず実態の把握から始めます。行おうとする理由は何か。どのくらいの水準まで進みたいと考えているのか。これまでの運動経験はどのくらいなのか（特に、投運動の形態をチェックする）、など。それに、現在の健康状態を診断しておくことも大切です。これらに基づいた、適

切な運動処方としてのバドミントンの指導が望まれます。なぜならば、指導者の押し付け（指導）によって、練習（学習）者の健康を損ねることが多いからです。次いで、練習課題が提示されます。運動技術の習熟過程で与えられる練習課題は、その水準に応じた系統性や発展性のあるものが望ましいと考えられます。この課題は、練習（学習）者が「自らの運動技能や体力を発揮しできるだけ良い成果の得られるよう、きわめて具体的に与えられる」必要があり、「どうなれば達成できたと判断できるのかという目標をはっきり示さなければ、かえって練習者の意欲を低下させることにもなる」（マイネル，1981）といわれているように、適切でより細かなものが与えられなければならないでしょう。

ラケットに慣れる段階を例示すれば、「正しいグリップ（握り）は○○○である。だから、○○○で握って、素振りを繰り返しなさい」と指導するのでは好ましくない。むしろ、この段階では、ラケットとシャトルを使ったさまざまな遊び（運動）を通じて、両者の位置関係についての感覚を掴むことなどが大切だと考えられます。

一方、新しい運動の習熟過程では、次のような「運動形態」（フォーム）が出現するといわれています。まず初めの段階は、荒削りな「粗形態」が現われ、その後、反復や練習によって修正され、磨きのかけられた「精形態」となります。換言すれば、「粗形態」から「精形態」が生れ、さらに、合目的的な「粗協調」から、より経済的な「精協調」が成立し、定着、維持されていくのです。そして、獲得した運動を実際の場面で利用できることが厳密な意味での獲得となります（マイネル，1981）。

スポーツ運動の指導では、このような習熟過程に応じた練習課題を提示することが大切であり、「運動構造の類縁性をもとにした指導体系」（太田，1990）が求められている所以と考えられます。

### 3） 初歩的段階における練習課題

一般的には、バドミントンを簡単で楽なスポーツだとみている人が多いように考えられます。その理由は、羽根つき遊びの経験やテレビ中継から受けるイメージなどが影響しているものと推察されます。けれども一度、体育館で「経験者」と行えば、コートが広く感じる上に、シャトルが遠くへ飛ばず、これま

でのイメージが大きく覆されるに違いありません。このような時こそ、個々の技能水準に応じた指導が施されなければならないのです。

スポーツ運動では、初歩的段階からトップまで、その技能水準に応じた系統発展的な指導が求められます。子供と話をする際は、子供の目の高さ（理解できる言葉）で話さなければならないように、スポーツ運動でも練習（学習）者のレディネス（準備状態）に応じた指導が大切です。バドミントンの入門書や教本類の多くは、練習課題の系統性や発展性が乏しく初歩的段階の指導についての記述も概略的です。その主因は、著者が往年のトッププレイヤーか、一流選手を育てた指導者であり、出版に際して強くさせる（勝つ）ためのハウ・ツーが求められているからだと考えられます。

ここでの練習課題は、習熟過程に応じたものが相応しいです。同時に、バドミントンの「技術発展史を追体験させる」ための簡易なゲームなどを行わせることも大切だと考えられます。例えば、シャトルを「打ち続けた回数」で競うゲームとして、「サマーセット嬢と？（不詳）が、バドミントン・バトルドールで2,117回打ち合った」（阿部・岡本，1985）という記録に挑戦させるものなどをあげることができます。

それらの簡易ゲームでは、ラケットの握り（グリップ）やネットの高さ及びコート・ラインに関係なく行わせることが大切です。また、シャトルが飛ばないからといって減入ることはありません。シャトルを打つには、これまでの運動経験が影響します。打球技の経験がある人ならば、最初からラケット面に当てることも容易ですが、一般的には、そう容易くはできません。シャトルがラケットに当たるようになること、さらに遠くまで飛ぶようになることなどは、すべて運動発達の成果と考えられます。

それゆえに、初歩的段階の指導では、個々の技能水準に応じた練習課題が豊富に準備されなければならないのです。

## （2）ストロークとショットに慣れる
### 1）ストロークとショットの指導過程
バドミントンの「ストローク」とは、ラケットでシャトルを打つ（操作す

る）ことです。初心者は、飛んでくるシャトルにラケット面をあてる能力が獲得されていないために空振りが目立ちます。これは素手でボールを打つことやバットでボールを打つことなどの運動経験が少ない人に顕著です。多様な運動（遊び）を経験しているとフライトの状況が判断でき、難なくシャトルにラケットをあてられます。それゆえ、これらを十分に考慮した指導プログラムが必要だと考えられます。

　ストロークは、基本的にラケットのハンドルをリストスタンド〈手首を前腕の橈骨側に屈曲すること。専門的には「橈側屈曲」という〉（廣田・飯野, 1994）した状態で行われます。フォアハンドのストロークは、屈曲や伸展運動のほかに、前腕の回内、上腕の内旋が使われます。また、バックハンドのストロークは、屈曲や伸展運動のほかに、前腕の回外、上腕の外旋が使われます（阿部・渡辺, 1985）。ここでの屈曲は、手首をテコのように利用する運動をさし、伸展は曲げている肘を伸ばす運動です。前腕の回内運動は、リストスタンドの状態から前腕を内に回す（手の甲が上になる）動きであり、回外運動は前腕を外に回す（掌が上になる）動きです。上腕の内旋及び外旋は、前腕の回内及び回外運動に随伴する動きです。

　ストロークには「フォアハンド」と「バックハンド」があり、ラケットを振る高さ及び位置によって分類できます。頭頂よりも上の位置でシャトルを捉え、ラケットの面が返された場合が「オーバーヘッドストローク」、腰の高さより下から振り出されてシャトルを捉え、ラケットの面が返された場合が「アンダーアーム（アンダーハンド）ストローク」です。そして、この中間位置で捉えて振り出されたものが「サイドアームストローク」です。それにショットを加えてまとめたものが、図5-2です。

　ストロークの指導上、最も大事な留意点は、取り上げる順序をどのようにしたら良いかということです。取り上げる順序は、技術の系統発展性に基づいて配列されたストロークとショットの指導体系から構成されるべきです。しかし現在のところ、このような指導体系は明らかにされていません。以下では、図5-2に基づいた指導プログラムを提案します。

　その指導過程では、各種のストローク及びショットごとに「フォアハンド

第5章　バドミントンの指導体系論　107

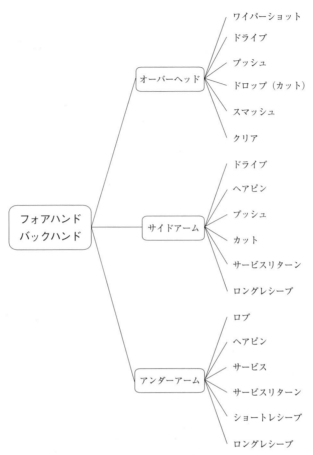

図5-2　ストロークの分類とショット

系」と「バックハンド系」を交互に取り上げるのが良いと考えられます。指導者は必ず練習前に、素振り（シャトルを用いないラケットスイング）とストローク及びショットの示範（実技を伴う説明）を行うほうが良いでしょう。なぜならば、学習（練習）者のストロークやショットの「形態」（フォーム）は、示範を真似たり、自らの「運動覚」を使ったりする練習過程で習得していくと考えられるからです。

　最初に取り上げたいのは、「サイドアームストローク」です。ストロークの

際に頭部の動きが比較的少なく、シャトルも正面から目の高さに飛来するため、初心者が空振りすることは少ないです。具体的な順序は、①「ドライブ」、②「ヘアピン」、③「プッシュ」、④「サービスリターン」、⑤「ロングレシーブ」とします。なお、「カット」については、初歩的段階では取り上げないことにします。

次に取り上げたいのは、「アンダーアームストローク」です。順序は、①「ロブ（ロビング）」、②「ヘアピン」、③「サービス」、④「サービスリターン」、⑤「ショートレシーブ」、⑥「ロングレシーブ」とします。

以上のストロークを行う際には、あらかじめ、利き腕側の脚を1歩踏み出した状態にしておくのが原則ですが、特例として、「フォアハンド」の「サービス」だけは、非利き腕側の脚を踏み出して行うようにします。

最後に取り上げたい「オーバーヘッドストローク」は、対戦相手の身体を狙うもの、床にたたきつけるもの、対戦相手エンドの奥深くやネット際に打つもの等があり、きわめて高度な技術と全身的なパワーが必要です。「ワイパーショット」を除き、①「ドライブ」、②「プッシュ」、③「ドロップ（カット）」、④「スマッシュ」、⑤「クリア」の順で行います。一般的な指導では、「ハイクリア」がはじめの段階で取り上げられることが多いです。しかしながらこのストロークは、「クリア」の中で最も高度なものと考えられるため、最終段階で取り上げるのが望ましいでしょう。なお、①・②及び「ワイパーショット」は、あらかじめ、利き腕側の脚を1歩踏み出して構えます。他のストロークについては、ネットに横向きの体勢（非利き腕側を前にする）から身体の回転を伴って打ち、脚を入れかえる（利き腕側の脚が1歩出る）ようにすると良いでしょう。

## 2）ストロークとショットの習熟過程と簡易ゲームの導入時期

ストロークとショットの習熟過程は、ラケットにシャトルをのせて慣れる段階から始まり、繰り返し練習することによって、ラケットスイングを速く、正確に、スムーズに、効率よくできるように洗練化し、質を高めることにあります。質の程度は、運動形態（フォーム）として現れます。高い質的水準にある技能は、最適な運動形態として目で捉えることができます。

第5章　バドミントンの指導体系論　*109*

　一般的な学習（練習）では、学習（練習）者は提示された学習（練習）課題を繰り返し行います。動作の反復は、単なる繰り返しではありません。外部からの情報に頼らず、動作中や動作の終了後に、自分自身の目や筋肉の感覚で意識することが、技術の習得や動作の習熟を図る上で大切です。さらに、指導者の目によって、学習（練習）課題の習熟度は判定され、新たな課題が提示されます。課題に対しては、指導者の示範だけに頼らず、自分で試行錯誤しながら解決法を発見するような学習（練習）者ほど、運動習熟が早いと考えられます。また1人では達成できないことも、友だちとの競争の中で可能になったり、他人と協力したり助け合う活動によって、目的を成し遂げる場合もあります。このように努力して獲得された技術は、さらに進んだ段階のステップとなります。

　しかし初心者と呼ばれる未熟練者は、達成力が備わったといっても、いつでも同じように技能が発揮できるとは限らず、未熟練者になればなるほど技術の定着は難しく、いつも違った運動経過をたどる（長澤，1990）ために、指導者としては、学習（練習）者の学習（練習）を常に観察しながら、習熟度を見極めるようにしなければなりません。

　その一方で、基礎的なストローク及びショットの技術が習得できたら（粗形態の形成）、簡易ゲームを取り入れていくと良いでしょう。このゲームは、習得した技術で行えるものとします。学習（練習）時間の多くは、当然、基礎的な技術の習得を目指す内容となりますが、初心者にとって、同じストロークやショットを繰り返し学習（練習）することは、興味をなくす原因にもなりかねません。それを回避する理由からも、学習（練習）過程の初期には、〈技術の発展史を追体験させる〉ための簡易ゲーム（阿部・岡本，1985：蘭，1995）などが導入されるべきです。

　以上、初歩的段階のストローク及びショットの指導プログラムについて実践研究を踏まえて論じました。しかし、系統発展的な指導体系の構築には、さらに検討が必要だと考えています。

### 3　バドミントンの一貫指導について

　公益財団法人日本バドミントン協会（以下、「NBA」と略す）のアクション
プラン（2011）には、競技者育成の基本理念が示されています。それは、「一
貫指導システムの下に、養成された指導者により、世界に通じる優れた競技者
と人格を有する競技者を育成する」ことです。また、一貫指導とは、「国際的
な競技者育成の動向を踏まえ、トップレベルの競技者を育成するための指導理
念や指導内容などを競技者の発達段階や技術水準に応じて明確にし、優れた素
質を有する競技者にこの指導理念に基づく高度な指導を継続して行うこと」と
なっています。さらに一貫指導を可能にする一貫指導システムとは、「競技者
の育成に必要なジュニア・ユース期の各学校段階などでの異なる指導者の下に
おいても、一貫した指導理念に基づいて、個人の特性や発達段階に応じた最適
な指導を受けることを通じて、トップレベルの競技者に育成されるように構築
されたシステム」としています。

　図5-3は、NBAのジュニア・ユース育成プログラムを示しています。

　U13（13歳未満）では、①シャトルとラケットのコンタクト技術やスイン
グ技術を多様にするなど、自由度の高いプレイを獲得させること、②ストロー
クする技術とコート内を移動する技術（トラベリング技術）を合目的に結び付
けること、③デセプション（相手を騙す・惑わす技術）などもこの時期にしっ
かりと習得させること、などがあげられています。

　U16（16歳未満）では、①悪い習慣を矯正すること、②優れたバドミント
ンとは何か、優れたバドミントン選手とはどのような選手のことを指すか、改
めて考えさせること、③爆発的（瞬発力）な力を出せるようになるトレーニン
グを課すこと、④自主性や責任感などを含めた精神面での強化も図ること、な
どがあげられています。

　U19（19歳未満）では、筋の発達により、爆発的な打撃力とコート内を爆
発的に移動する速さを備えることが可能になります。そのため、①重量負荷を
かけたトレーニングで筋の発達を加速させ、より激しく連続したストロークす

第5章　バドミントンの指導体系論　111

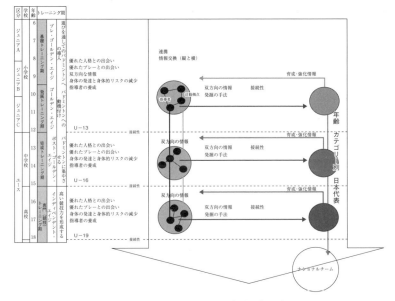

図5-3　ジュニア・ユース育成プログラム
（出典：『BADMINTO ACTION PLAN 2011』NBA ACTION PLAN 2011
作成委員会，2012, p.27）

る能力を習得させること、②最も専門的なトレーニングを積み、その資質を高め、国内のナショナルチームの選手とも対等に戦える能力を身につけること、などがあげられています。

　また、各年代に共通する問題として、傷害予防の意識を高める重要性があげられています。このように、各年代の課題を明確にした育成プログラムのシナリオですが、さらに詳細な指導方針の策定が待たれます。

# 第6章
# 学校体育授業のための実践資料

## 1 小学校でのバドミントンに関わる運動の授業（案）

　ここでは、共愛学園前橋国際大学論集第18号に掲載された拙稿『小学校体育科のバドミントンに関する授業づくり』（岸，2018）の一部（原文の修正・加筆あり）を引用します。

〈本論文の要旨〉
　「およそ10年に一度の改訂がなされてきた我が国の小学校学習指導要領（指導書・解説を含む）において、バドミントンに関わる運動の例示は一度もみられません。筆者は、生涯スポーツの観点から、中学校保健体育科でのバドミントン単元の導入段階として、小学校体育科においてもバドミントンに関わる運動を取り入れるべきだと長年主張してきました。2017年6月に小学校学習指導要領解説体育編の公表があり、初めてバドミントンに関わる運動の例示がなされました。本稿は、小学校体育科でのバドミントンに関わる学習プログラム（以下「バドミントンに関わる教材」と略す）の開発経緯と授業づくりについて論述するものです。

〈小学校体育科におけるバドミントンに関わる教材の開発〉
　まず、2012年5月から7月までの2か月間に、小学生の初心者（18名）を対象とした「バドミントン教室」を9回開催しました。その際、これまでの

バドミントンに関わる教材に修正を加えた小学生用のプログラムで実施しました。表6-1は、「バドミントン教室」のプログラムの概要を示したものです。これらのプログラム（ドリルを含む）の他には、製造元のセノー㈱に特別注文した支柱を用いてネットの高さを工夫したことと、市販のジュニア用ラケットを使用したことが特筆すべき点です（岸・牛山, 2014）。

　次に、小学校体育科のバドミントンに関わるドリルの概略を図6-1のように構想しました（岸ら, 2014）。まず低学年においては、スポーツ運動に取り組む上での導入段階にあたるため、「調整力を高めるような多様な遊び」を豊富に経験させることが大切だと考えました。中学年ではバドミントンに関わる運動の準備段階として、「ラケットとシャトルを用いた運動遊び」を経験させたいです。高学年は、バドミントンの初期段階の技術習得の時期に位置づけられるため、「さまざまな運動やゲーム」を経験させることが、中学校への系統性の観点からも重要と考えました。

　一方で、球技（ネット型）の内容の体系化については、『学校体育実技指導資料第8集　ゲーム及びボール運動』（文部科学省, 2010）に加筆提案したものを報告しました（岸, 2014）。さらに、前述の小学生初心者を対象とした「バドミントン教室」の成果と課題を踏まえて、小学校の体育授業を想定したバドミントンに関わる教材の試案（岸, 2015）を作成しました。その試案を基に、2015年10月から2016年1月までに、「バドミントン遊び教室」を計4回実施しました。同教室は、K大学体育館において、K学園学童クラブ所属の小学校1年生〜5年生37名を対象に行いました。写真6-1〜6は、その様子を撮影したものです。

　これらの実践研究の検証に修正を加え、小学校体育科におけるバドミントンに関わる教材〈運動遊びとゲーム〉を提示することができました（岸, 2016）。その後、小学校学習指導要領解説体育編（以下「解説体育編」と略す）の公表があったため、2017年9月に開催された第68回日本体育学会の口頭発表の際には、解説体育編の例示を踏まえた低学年用、中学年用、高学年用の教材を提案しました（岸ほか, 2017）。それらの提案で、今後の課題としてあげておいた単元計画等について、次に述べていきます。

第6章 学校体育授業のための実践資料 *115*

## 表6-1 小学生初心者を対象に実施したプログラムの概要

(岸・牛山、2014)

| Round | The drills of main |
|---|---|
| 1 | 1. Catch and throw the shuttle<br>2. Walk around with a shuttle on the racket face<br>3. Have arelay race with a shuttle on the racket face |
| 2 | 4. Hurl shuttle at the shuttle tube<br>5. Shuttle fight<br>6. Catch the knocked shuttle<br>7. Practice how to hold the grip<br>8. Basic stance<br>9. shuttle bounce on the spot<br>10. shuttle bounce up and down on the spot<br>11. Shuttle bounce while walking<br>12. Shuttle bounce while trotting<br>13. shuttle bounce in pairs<br>14. shuttle bounce in a group of three |
| 3 | 15. Shuttle bounce across the slack net in pairs<br>16. Shuttle bounce with a hairpin shot long in pairs across the tightened net<br>17. Practice for the short service across the slack net |
| 4 | 18. Practice long high service across the net altemately ①<br>19. Practice long high service across the net altemately ②<br>20. Practice long high service across the net altemately ③ |
| 5 | 21. Practice lob (lift), forehand<br>22. Practice lob (lift), backhand |
| 6 | 23. Try drive across the slack net in pairs<br>24. Forehand drive with the tightened net (a height of 140cm)<br>25. Backhand drive with the tightened net (a height of 140cm)<br>26. Forehand push with the tightened net (a height of 140cm)<br>27. Backhand push with the tightened net (a height of 140cm) |
| 7 | 28. Bounce and loft shuttle backhand on the spot<br>29. Forehand return with the tightened net (a height of 140cm)<br>30. Backhand return with the tightened net (a height of 140cm)<br>31. Forehand overhead swinging |
| 8 | 32. Swing with the past practices<br>33. Forehand smash with the tightened net (a height of 140cm)<br>34. Forehand smash with the tightened net (a height of 152.4cm) |
| 9 | 35. Single match on the half-court |

図 6-1　小学校体育科のバドミントンに関わるドリルの概略（岸ら，2014）

写真 6-1　　　　　写真 6-2　　　　　写真 6-3

写真 6-4　　　　　写真 6-5　　　　　写真 6-6

〈バドミントンに関わる教材の単元計画案〉
（1）低学年におけるバドミントン遊びの提案

　解説体育編のボールゲームには、「攻めと守りが分かれたコートで、相手コートにボールを投げたりする簡単な規則で行われる易しいゲーム」が例示されています（文部科学省，2017c, d, p.58-59）。そのため、ここではネット型ゲームに発展することをねらいとした「シャトル合戦」（岸，2016, p.121）を

第6章　学校体育授業のための実践資料　*117*

取り上げます。なお、2年生を想定した授業とします。

　表6-2は、〈シャトルで遊ぼう〉の単元計画案です。単元の1時間目は、学習のねらいや進め方についての指導を行います。併せて、2時間目以降のチーム編成（5〜6人程度）を決定します。また、バドミントンに興味を持たせるための「お話」として、ラケット系スポーツ（バドミントン、卓球、テニス）の用具の実物を見せて解説します。2時間目は、まず、シャトルを用いた易しいゲームの基礎・基本的な技術であるスローイング（投法）について指導を行います。次に目標物に当てたり、入れたりするための技術ポイントを指導してから、チーム対抗でのゲームを行います。後半では、各チームで作戦を立てさせ、それをゲームで生かせるように工夫させたい。確かめのゲームは1回ずつ行います。3時間目の前半は前時の復習を行います。後半では、各チームで作

表6-2　シャトルで遊ぼうの単元計画案

| 1 | 2 | 3 | 4 |
|---|---|---|---|
| 学習Ⅰ<br>　学習のねらいや進め方を知る | 学習Ⅱ<br>　シャトルを用いた易しいゲームの基本的な技術を身に付ける | | シャトル合戦大会 |
| オリエンテーション<br>・学習のねらい<br>・チーム編成<br>・単元の流れ<br>・1時間の流れ<br>・バドミントンに興味を持たせるための「お話」 | ①挨拶、準備運動 | | |
| | ②ドリルゲーム<br>・的当てゲーム<br>・的入れリレー | | |
| | ③学習内容の確認<br>・基本的な動き（腕振り投げ、的を目標にした投げ）を身に付ける | | |
| | ④課題ゲーム<br>・バケツに当てるゲーム（チーム対抗）<br>・かごに投げ入れるゲーム（チーム対抗） | | |
| | ⑤話し合い（作戦タイム） | | |
| | ⑥確かめのゲーム<br>・シャトルケースに当てるゲーム（チーム対抗）<br>・かごに投げ入れるリレー（チーム対抗） | | |
| | ⑦ゲームの振り返り | | |
| | ⑧学習のまとめ | | |

戦を立てさせ、それを確かめのゲームで生かせるように工夫させたい。確かめのゲームは2回ずつ行います。4時間目は、シャトル合戦大会を行います。1時間の流れは、①挨拶、準備運動、②学習内容の確認（本時はシャトル合戦大会）、③ゲームの決まりとして次の3点を確認します。(1) ゲームはリーグ戦、(2) 3回マッチ、(3) 制限時間は1分間、④各チームで1回戦目の作戦を立て、リーグ戦を開始します。ここで大事なことは、相手チームに応じた作戦を考え、ゲームを行い、その結果を生かして次のゲームに応用することです。チームで作戦を立てる際には、思考力や判断力、コミュニケーション能力などを養うことにもつながると考えられます。すべての対戦が終了したら、表彰式を行います。⑤最後に、単元全体の振り返りとまとめを行います。

## （2） 中学年におけるバドミントンを基にしたゲームの提案

　解説体育編のゲーム領域におけるネット型ゲームには、「バドミントンやテニスを基にした易しいゲーム」が例示されています（文部科学省，2017c, d, p.97）。そのため、ここではネット型の簡易ゲームに発展することをねらいとした「ネットなしのシャトル突き」（岸，2016, p.122）を取り上げます。なお、4年生を想定した授業とします。

　表6-3は、〈ネットなしのシャトル突きゲーム〉の単元計画案です。単元の1時間目は、学習のねらいや進め方について指導を行います。併せて、2時間目以降のペアとチーム（4人程度）を決定します。また、バドミントンに興味を持たせるための「お話」として、シャトルやラケットの構造・種類などに関わる解説を行います。その際、実物や写真及びイラストなどを使えば効果的になると考えられます。最後は、キャッチ＆スローとラケット面にシャトルを乗せての運動を短時間行います。2時間目は、シャトル運びのリレー（回旋リレーを含む）をチーム対抗で行います。3時間目は、まず各自でネットなしのシャトル突きを行います。この課題の技術ポイントは、ラケットを腰の辺りに構え、ラケット面を立てずに横にしたままでシャトルを突くようにすることです。ラケットは大振りせず、シャトルのコルク部（羽根を固定している下部）がラケット面に当たった時（インパクトという）、少し握りを強くして押し出

第6章　学校体育授業のための実践資料　*119*

表6-3　ネットなしのシャトル突きゲームの単元計画案

| 1 | 2 | 3 | 4 | 5 |
|---|---|---|---|---|
| 学習Ⅰ<br>　学習のねらいや進め方を知る | 学習Ⅱ<br>　シャトル運びリレーで楽しむ | 学習Ⅲ<br>　ネットなしシャトル突きの基本的な技術を身につける | | |
| オリエンテーション<br>・学習のねらい<br>・ペアを決める<br>・チーム編成<br>・単元の流れ<br>・1時間の流れ<br>・バドミントンに関わる「お話」と実演<br>・シャトルに慣れる運動 | ①挨拶、準備運動 | | | シャトル突き大会 |
| | ②ドリルゲーム<br>・シャトル運びリレー<br>・シャトル運び回旋リレー | ②シャトルとラケットの扱い方<br>・ラケットの各部の名称を学ぶ<br>・ラケットの握り方などを学ぶ | ・力の入れ具合を工夫して、その場でシャトルを突く | |
| | ③学習内容の確認<br>・シャトル運びリレーなどを行う | ・基本的な動き（ネットなしのシャトル突き）を身に付ける | | |
| | ④課題ゲーム<br>・シャトル運び回旋リレー（チーム対抗） | ④課題ゲーム（回数を競う）<br>・ネットなしシャトル突き、片面（1人）<br>・ネットなしシャトル突き、ラケット交互面（1人→複数） | | |
| | ⑤話し合い（作戦タイム） | | | |
| | ⑥確かめのドリル（技術の定着）<br>・シャトル運び回旋リレー（チーム対抗、速さと正確さを競う） | ・ネットなしシャトル突き、ラケット面自由または交互面（1人→複数）、回数を競う | | |
| | ⑦ゲームの振り返り | | | |
| | ⑧学習のまとめ | | | |

すような感じで突くと高く飛びません。大事なのは、シャトルから目を離さずに集中して、突き続けることです。ラケットの片面（フォア、バック）で10回程度突き続けられるようになったら、次は2人組（ペア）で行うようにします。4時間目は、3時間目の復習と発展的な練習をします。前時の学習を踏まえ、ラケットの操作に慣れてきたら、インパクト時のラケットの握り方（力の入れ具合など）を意識して変えるように促すことが重要です。1人でのシャト

ル突きとペアとのシャトル突きが安定して10回以上続けられるようになった
ら、チームでのシャトル突きにも挑戦させたい。これは、4人で四角の隊形に
なって、シャトル突きを行うものです。最後に、回数を競うゲームを行うこと
で技術の定着度（評価）をみるようにします。5時間目は、シャトル突き大会
（ペアとチームの2部構成）を行う計画です。対戦方法については省略します。

### （3） 高学年におけるバドミントンを基にした簡易化されたゲームの提案

　解説体育編のボール運動領域におけるネット型には、「バドミントンやテニ
スを基にした簡易化されたゲーム」が例示されています（文部科学省，2017c,
d, p.140）。そのため、ここでは中学校のネット型のバドミントン単元に発展す
ることをねらいとした「ショートサービスからのヘアピンの応酬ゲーム」（岸,
2016, p.122）を取り上げます。

　表6-4は、小学校第6学年体育科学習指導案を示しています。これは架空
の小学校を対象に計画したものです。単元名は、〈ヘアピンショットで楽しも
う！〉としました。運動の特性については、筆者ら（1993）が以前報告した
ものを修正・加筆しました。単元の目標及び評価規準については、改訂された
解説体育編（文部科学省，2017c, d）に明記されている3つの柱「知識及び技
能」「思考力、判断力、表現力等」「学びに向かう力、人間性等」から示しまし
た。次に、単元の指導計画（全6時間）を説明していきます。

　単元の1時間目は、学習のねらいや進め方について指導を行います。併せ
て、2時間目以降のペアとチーム（2ペア＝4人組）を決定します。また、バ
ドミントンの歴史や特性に関わる解説を行います。その際、プロジェクター等
を用いて一流プレイヤーの動画を視聴させれば、より効果的になるものと考え
られます。最後は、シャトルとラケットに慣れる運動（中学年の復習です。未
習の場合は、中学年の単元計画案を参照のこと）を10分程度行います。2時
間目と3時間目は、中学年の学習内容を確実に習得させることが目標となり
ます。ドリル及び確かめのゲームは、中学年から発展した段階の「弛んだネッ
トをはさんでのシャトル突き」となります。2人組（ペア）で行う際は、ネッ
トをはさんで向かい合います。また、4人組については試合と同様に2ペアが

第6章　学校体育授業のための実践資料　*121*

表6-4　「ヘアピンショットで楽しもう！」の学習指導案

---

### 第6学年体育科学習指導案

平成 29 年 12 月 13 日（水）

6 年 1 組 32 名（男子 16 名　女子 16 名）

場所：前橋国際小学校（仮称）体育館

指導者：岸　一弘

1. 単元名　ヘアピンショットで楽しもう！
2. 運動の特性

（1）一般的特性

バドミントンはネットを挟んで対峙したプレイヤーが、ラリーが途切れるまでラケットでシャトルを1回ずつ打ち合うシングルスとダブルスからなる競技である。

（2）子供からみた特性

子供からみたバドミントンの特性については、次のようにとらえることができる（岸ら，1993）。

・シャトルを落とさないで、ラリーが続くようになると楽しい。
・シャトルのフライトの変化に応じた身のこなしができ、打ち返せるようになると楽しい。
・ショットが決まると楽しい。
・ラリーが続かないと面白くない。
・対戦相手が強すぎると面白くない。
・ダブルスのゲームで、ペアとの呼吸が合わず、うまくシャトルを返せないと面白くない。
・シャトル自体が悪くなり、飛びすぎるか、あるいはほとんど飛ばなくなってしまうと面白くない。

上記を踏まえ、本単元での子供からみた特性は次のように考えられる。

・1人でのシャトル突きが続けられるようになると楽しい。
・1人でのシャトル突きが続けられないと面白くない。
・複数でのシャトル突きが続けられるようになると楽しい。
・複数でのシャトル突きが続けられないと面白くない。
・ヘアピンのラリーが続くと楽しい。
・ショートサービスがねらった場所に打てると楽しい。
・相手が返球に失敗するようなヘアピンを打てると楽しい。
・ペアと協力して応酬ゲームに勝てると楽しい。
・難しいヘアピンを返球できると楽しい。
・サービスがネットに引っ掛ってばかりだと面白くない。
・ヘアピンのラリーがすぐに途切れると面白くない。
・ペアのサービスが失敗続きになると面白くない。
・サービスを返球できずに失敗ばかりしていると面白くない。
・相手の返球がヘアピンショットになっていないと面白くない。

## 3. 単元の目標

- バドミントンを基にした簡易ゲームで、ラケット操作やシャトルを打つための動きによって、攻防をすることができるようになる。（知識及び技能）
- ネット型ゲームの楽しさや喜びを味わうことができるよう話し合い、ルールを工夫したり、ペアに応じた作戦を選んだり、立てたりすることができるようになる。（思考力、判断力、表現力等）
- 運動に進んで取り組み、ルールを守り助け合って運動したり、勝敗を受け入れたり、仲間の考えや取り組みを認めたり、場や用具の安全に気を配ったりすることができるようになる。（学びに向かう力、人間性等）

## 4. 単元の評価規準

| 運動に関する知識及び技能 | 運動についての<br>思考力、判断力、表現力等 | 学びに向かう力、人間性等 |
|---|---|---|
| ・基本的なラケットの扱い方を身に付け、状況に応じた動きができる。<br>・自分から進んでシャトルを追い、積極的に動くことができる。<br>・オリンピックやバドミントンの歴史、並びにバドミントンの用器具について理解している。 | ・簡易化したゲームのルールを工夫したり、自己やペア（チーム）の特徴に応じた作戦を選んだりするとともに、自己や仲間の考えたことを他者に伝えられる。 | ・運動に積極的に取り組んでいる。<br>・ルールを守り助け合って運動をしている。<br>・勝敗を受け入れられる。<br>・仲間の考えや取組を認められる。<br>・場や用具の安全に気を配られる。 |

## 5. 単元の指導計画（全6時間）

| | 1 | 2 | 3 | 4 | 5 | 6 |
|---|---|---|---|---|---|---|
| | 学習Ⅰ<br>　学習のねらいや進め方を知る | 学習Ⅱ<br>ヘアピンの基本的な動きを習得する | | 学習Ⅲ<br>ペアで作戦を立て、それをゲームで生かせるように工夫する | | |
| | オリエンテーション<br>・学習のねらい<br>・ペアを決める<br>・チーム編成<br>・単元の流れ<br>・1時間の流れ<br><br>・バドミントンの歴史や特性に関わる「お話」<br><br>・シャトルとラケットに慣れる運動（中学年の復習） | ①挨拶、準備運動 | | | | ヘアピン応酬ゲーム大会 |
| | | ②ドリル&ゲーム<br>　ペアやチームで行う | | ネットをはさんで行う | | |
| | | ③学習内容の確認<br>・基本的な動き（2人組やチームでのシャトル突き）を確実に習得する | | ③学習内容の確認<br>・基本的な動き（正規の高さのネットをはさんだシャトル突き）を身に付ける | | |
| | | ④ドリル<br>・弛んだネットをはさんでシャトルを突き合う（2人組）→（チーム） | | ④ドリル<br>・ネットの弛みを少しずつ張りながらのシャトル突きに発展させる（2人組） | | |
| | | ⑤話し合い（作戦タイム） | | | | |
| | | ⑥確かめのゲーム（技術の定着）<br>・弛んだネットをはさんでシャトルを突き合う（2人組、チーム）→回数を競うゲーム | | ・正規の高さのネットをはさんだシャトル突き（2人組）→ショートサービスからのシャトル突きゲーム | | |
| | | ⑦ゲームの振り返り | | | | |
| | | ⑧学習のまとめ | | | | |

第6章　学校体育授業のための実践資料　*123*

## 6. 本時の学習（4／6時間）

### (1) 本時の目標

・ラケットの操作に慣れ、ペアとのシャトル突きが続けられるようになる。（知識及び技能）

・ペアで工夫した方法に基づき、声をかけたり励ましあったりして、シャトル突きが行える。（思考力、判断力、表現力等）

・安全に気をつけ、ペアと協力して運動をするとともに、ゲームの勝敗を受け入れられるようになる。（学びに向かう力、人間性等）

### (2) 準備物

・バドミントン用支柱　4セット、バドミントンネット　4枚、ジュニア用ラケット32本、ナイロン製シャトル128個

### (3) 展開

| | 学習内容・活動 | 留意点 | 評価 |
|---|---|---|---|
| 10分 | 1　集合、整列、挨拶<br>・本時の学習のめあて、流れを知る。<br><br>ペアとのシャトル突きを楽しもう<br><br>2　場の準備を行う<br><br>3　準備運動 | ・学習のめあてと流れを確認し、見通しを持って運動に取り組めるようにする。<br><br><br>・安全に留意してバドミントン用器具の準備をするように促す。<br><br>・使う部位を意識して運動するように声をかける。 | |
| 25分 | 4　弛んだネットをはさんだ2人組でのシャトル突きを行う（復習）。<br><br>5　作戦タイム<br>・長く続けられそうな方法を基にペアで練習する。<br>6　正規の高さのネットをはさんだ2人組のシャトル突きを行う。<br>・バックハンドからのショートサービスの練習を行う。正面サービスコート→対角線サービスコート | ・ラケットのフォア面とバック面を適宜使って返球するように声をかける。<br>・ペアでの話し合いを確認し、工夫した方法で練習をするように声をかける。<br><br><br>・基本的なショートサービスの技術が身に付くように、繰り返して練習するように声をかける。最初は正面へ、慣れたら対角線上のサービスコートへ行うように助言する。<br>・腰の高さ辺りにシャトルを構え、ラケットを体にひきつけた状態から前方に動かしながらシャトルを放して打ち出すように助言する。 | ・ラケットの両面を適宜使った返球ができているか。（知識・技能）<br>・長く続けられそうな方法を考え、ペアに伝えているか。（思考力・判断力・表現力等）<br><br><br>・バックハンドからのショートサービスがショートサービスライン付近まで打てるようになっているか。（知識・技能） |

| | | |
|---|---|---|
| ・ショートサービスからシャトル突きの練習を行う。正面サービスコート→対角線サービスコート<br><br>7 ペアで試しのゲームを行う。 | ・シャトルをネットに引っ掛けず、しかもあまり高く打ち上げないように助言をする。 | ・互いの動きを見合い、話し合うことで、良いサービスとシャトル突きの方法を伝えているか。(学びに向かう力・人間性等) |
| 10分<br><br>8 用器具の後片付けを行う。<br><br>9 気づいたことや感想を発表し合い、本時の学習を振り返る。<br><br>10 挨拶 | ・安全に配慮させながら片付けをするように促す。<br>・ペアの話し合いで話題になった課題や良い仕方を発表することで、全員で共有できるようにする。<br>・次時の学習について話す。 | |

ネットをはさんで向かい合いとなり、対角線上の相手に「サービス風の打ち出し」[1] をすることで開始となります。対角線上の相手がレシーバーなので、最初に返球しなければなりませんが、その後はペアのどちらかが返球すれば良いことになります。正規の試合では、ラリーが途絶えれば得失点となります。しかしながら、このゲームはラリーを続けて楽しさを味わおうとするものですから、まずは相手が打ちやすい場所に返球します。ラリーが10回くらい続くようになったら、打ちにくい場所にも返球すると良いでしょう。4時間目からは、正規のネットの高さ(中央で152.4cm)にします。最初は、正しいショートサービスの方法を学習します。このサービスは、フォアハンドよりもバックハンドからの方法を奨励します。ネットを弛めた状態で練習を始め、少しずつネットを張りながら高さを上げていくようにしましょう。打ち出しは、ネット上端(白い部分)から20cm以内の空間を狙って練習を行うと良いでしょう。また、シャトルの落下位置はショートサービスライン付近を目標とします。これらの練習によって、ショートサービスができるようになったら、正規の高さでのシャトル突きに発展させます。まずは、ペアがネットをはさんで正面に向かい合い、1人がサービスを出して片方がサービスリターンします。そのまま、できるだけラリーを続けます。確かめのゲームは、ラリー回数を競うものとします。そのためには、正面のサービスコートで行うものと対角線のサービスコートで行うものの2種類を練習しておくようにしましょう。まとめでは、本時に行ったプレイが「ヘアピン」というショットであることを教えます。5時間目は、「ヘ

アピン応酬ゲーム大会」としました。これは、4時間目のゲームを基にしたペア対抗戦です。トーナメント戦ではなく、4ペアでのリーグ戦（4コート）を想定しています。この試合は、ラリーを続けるのではなく、相手のミスを誘うような攻撃的なプレイも行えます。ただし、ショートサービスからのヘアピンのみの応酬戦で、ラリーポイント制の10点先取の1ゲームマッチとします。サービスの失敗は相手の得点となり、サービス権が移行します（審判用語ではサービスオーバーという）。サービス権が自陣に移行した際の得点が偶数点なら右側からのサービス、奇数点であれば左側からサービスを行います。各リーグの第1位には表彰状を授与したい。以上、指導計画について述べました。説明不足や分かりにくい箇所があるかもしれません。詳細については、別稿等で論じたいと考えています。

　最後に、球技（ネット型）の内容の体系化を別表に示しました。これは以前、筆者（2014）が学校体育実技資料第8集（文部科学省，2010）を基に記したものを、今回、改訂された解説体育編（文部科学省，2017d）の内容と提案（網掛け部分）に修正したものです。これらが、小学校学習指導要領の移行期間中[2]の実践資料に供するとともに、典型教材となっていけば幸いです。


## 2　中学校でのバドミントンの授業（案）

　現行の中学校学習指導要領解説保健体育編（文部科学省，2008）では、球技領域がゴール型（バスケットボール・ハンドボール・サッカー）、ネット型、ベースボール型（ソフトボール）となりました。バドミントンは、ネット型としてバレーボール、卓球、テニスとともに取り上げられています。内容の取り扱いをみますと、第1学年及び第2学年においては、いずれかの種目をすべての生徒に履修させることになっています。また、第3学年では、前述の3つの型に示された種目の中から、自己に適した2つの型（種目）を選択履修できるようになっています。けれども、学校や地域の実態に応じて履修させることが可能なため、バドミントンを履修せずに高等学校へ進学する生徒も多いと考え

〈別表〉

## 球技（ネット型）の内容の体系化

| 学校種 | | 小学校 | | |
|---|---|---|---|---|
| 発達の段階 | | 各種の運動の基礎を培う時期 | | 多くの領域の学習を経験する時期 |
| 領域（領域の内容） | | 第1学年・第2学年<br>ゲーム<br>（ボール投げゲーム） | 第3学年・第4学年<br>ゲーム<br>（ネット型ゲーム） | 第5学年・第6学年<br>ボール運動<br>（ネット型） |
| 内 容 | | ボールゲームでは、ボール操作と攻めや守りの動きによって、易しいゲームをすること。 | ネット型ゲームでは、基本的なボール操作とボールを操作できる位置に移動する動きによって、易しいゲームをすること。 | ネット型では、個人やチームによる攻撃と守備によって、簡易化されたゲームをすること。 |
| 解 説 | ゲームの様相 | 攻めと守りが分かれたコートで、相手コートにボールを投げ入れたりする簡単な規則で行われる易しいゲーム（ネット型ゲームに発展）をする。<br>（例示）<br>○的当てゲーム<br>○シュートゲーム<br>○相手コートにボールを投げ入れる易しいゲーム<br>○攻めがボールを投げたり打ったりして戦ったりして行うゲーム | 易しいゲームとは、ゲームを児童の発達の段階を踏まえて、基本的なボール操作で行え、プレイヤーの人数、コートの広さ（奥行きや横幅など）、ネットの高さ、プレイ上の制限、ボールその他の運動用具や設備などを緩和し児童の発達や状況に合わせて取り組みやすいように工夫したゲームをいう。<br>（例示）<br>○ソフトバレーボールを基にした易しいゲーム<br>○プレルボールを基にした易しいゲーム<br>○バドミントンやテニスを基にした易しいゲーム<br>○天気中の小など、子供の遊びを基にした易しいゲーム | 簡易化されたゲームとは、ゲームを児童の発達の段階を踏まえ、実態に応じてボール操作が行うことができ、ルールや形式が一般化されたゲームをいう。ネットの人数、ネットの高さ、コートの広さ、ボールなど簡易な設備など修正し、児童がゲームの行い方を理解するとともに、ボール操作とチームの作戦に基づいた位置取りや動きによって、軽くて柔らかいボールを片手、両手ないしは用具を使って操作して相手が捕りにくいボールを返球したりするチームの運動や用具を工夫し相手コートに向かって使った簡易化されたゲームをすること。<br>（例示）<br>○ソフトバレーボールやプレルボールを基にした簡易化されたゲーム<br>○バドミントンやテニスを基にした簡易化されたゲーム |
| | 提 案 | （バドミントンやシャトルを使った運動遊び）<br>○シャトルを投げる的当てゲーム<br>○シャトルを投げて捕るドリル（ゲーム）<br>○シャトル合戦（ゲーム）<br>○シャトルを落下に投げするドリル<br>○シャトルの飛び方を観察しよう<br>○打たれたシャトルを捕るドリル<br>○シャトルのスロー＆キャッチ（ドリル） | （バドミントンを基にした易しいゲーム）<br>○シャトルのスロー＆キャッチ（距離延長）<br>○シャトルを相手のひらに乗せて、その場で捕るドリル<br>○シャトルを投げるジュニア用ラケットで、その場で体勢変化を行うドリル<br>○シャトルを投げるジュニア用ラケットの面にのせて、歩いたり、走ったりするドリル<br>○ネットをはさんでシャトル投げ（1人）ドリル<br>○ネットをはさんでシャトル投げ（複数）ドリル<br>○シャトルを突きながら歩いたり、走ったりするドリル | （バドミントンのサービスを基にした簡易化されたゲーム）<br>○池んだシャトルを突き合う（ペア）ドリル<br>○ずらすネットの高さを突き上げている。上記のドリルを行う<br>○正規のネットの高さで、自陣のサービスコートに向かってショートサービスを行うドリル<br>○正規のネットの高さで、自陣のサービスコートから相手のサービスコートに返球して、ラリーが続くドリル<br>○正規のネットの高さで、自陣のサービスコートから相手のサービスコートへ向かってショートサービスやロングサービスを打ち出すドリルの応酬ゲーム<br>（上記のドリルをショートサービスからのサービスライン付近までの範囲とする。 |

第6章　学校体育授業のための実践資料　127

| | | 運動遊び | ゲーム（網掛け部分） |
|---|---|---|---|
| **知識及び技能** | 知識<br>用具の操作・ボールの操作<br>例<br>例示 | 〈例示〉<br>・ねらったところに緩やかにボールを転がしたり、投げたり、蹴ったりして、的に当てたり、得点できるようにねらってボールを投げ入れたり、<br>・相手コートに緩やかにボールを投げ入れたり、捕ったりすること。<br>・ボールを捕ったり止めたりすること。 | 〈例示〉<br>・いろいろな高さのボールを片手、両手もしくは用具を使ってはじいたり、打ちつけたりすることや、得点しやすいように飛んできたボールを、両手もしくは用具を使って相手コートに返球すること。 | 〈例示〉<br>・自陣のコート（中央付近）から相手コートに向けサービスを打ち入れること。<br>・得点しやすいように相手コートにつなぐこと。<br>・相手コートから飛んできたボールを、片手、両手もしくは用具を使って、相手コートにボールを打ち返すこと。 |
| | 技能<br>提案 | 〈バドミントン・シャトルを使った運動遊び〉<br>・ナイロン製、コンポジット製及び水鳥製のシャトルを捕る、投げる、捕ること。 | 〈バドミントン・シャトルとラケットを使った運動遊び〉<br>・ジュニア用ラケットの面にシャトルをのせて、その場で体勢を変えること。<br>・ジュニア用ラケットの面にシャトルをのせて運ぶ操作をすること。<br>〈バドミントンを基にした易しいゲーム〉<br>・いろいろな高さに飛んでくるシャトルをジュニア用ラケットの面にあて返球し、ラリーを続けること。 | 〈バドミントンを基にした簡易化されたゲーム〉<br>・自陣のサービスコートから相手のサービスコートに向け<br>・自陣のラケットの両面を状況に応じて使い分け、相手エンドにシャトルを打ち返すこと。 |
| | 能<br>ボールのない時の動きなどの例示<br>例示 | 〈例示〉<br>・ボールが飛んでくるコースに入って、転がってくるボールをよけたり、捕ったりすること。<br>・ボールを操作できる位置に動くこと。 | 〈例示〉<br>・ボールの方向に体を向けたり、ボールの落下点や相手の落下点に移動したりすること。 | 〈例示〉<br>・ボールの方向に体を向けて、その方向に素早く移動すること。 |
| | 提案 | 〈バドミントン・シャトルを使った運動遊び〉<br>・シャトルの飛行特性や腕の動きがわかること。<br>・シャトルを操作する手や腕の動きがわかること。<br>・シャトルの落下点に動くこと。 | 〈バドミントンを基にした易しいゲーム〉<br>・シャトルの落下点に体を向けたり、シャトルの落下点に体を移動してジュニア用ラケットを操作しやすい位置に移動したりすること。 | 〈バドミントンを基にした簡易化されたゲーム〉<br>・シャトルの落下方向に体を向けて、その方向に素早く移動すること。<br>・シャトルの落下点を予測して、ジュニア用ラケットの操作ができること。 |
| | 児童運動遊び<br>提案 | ・ボールを捕ったり止めたりすることが苦手な児童には、柔らかいボールを使ったり、空気を抜いたボールを使い1対1でコースを守る練習をしたりするなどの配慮をする。<br>・ボールが飛んでくるコースに入って、転がってくるボールをよけたり、捕ったりすることが苦手な児童には、柔らかいボールや小さいボールを使うなどの配慮をする。<br>・ボールに怖さを感じる児童には、柔らかいボールを使ったりするなどの配慮をする。 | ・様々な高さのボールを片手、もしくは用具を操作することが苦手な児童には、シャトルの落下点をボールをキャッチしやすい位置に移動に移動させたりするなどの配慮をする。<br>・シャトルの落下点を予測することが苦手な児童には、プレイできるようラウンド数を多くしたり、飛んできたボールをキャッチしてラリーを継続したりするなどの配慮をする。 | ・片手、両手もしくは用具を使って、相手コートにボールを短く返球することや、飛んできたボールを遠くに返球することや、はじくことの考えるうか違うえたりする場を設定するなど。<br>・自陣のコート（中央付近）から相手コートに向けサービスや、軽いボールを使ったり、ネットの短い用具を使ったり、ネットの高さを低くするなどの配慮をすることが認めたり、<br>・味方からのボールを受けやすいところにボールをキャッチしてパスしたりするなどの配慮をする。 |
| | 提案 | 〈バドミントン・シャトルを使った運動遊び〉<br>・体形変化が苦手な児童には、ジュニア用ラケットを持つ前に、多様な体形変化をする経験をさせるなどの配慮をする。<br>・シャトルの落下点に移動することが苦手な児童には、落ちる位置に移動する動きを習得させることや、ラケットの面にシャトルが当たることを理解させるなどの配慮をする。<br>・シャトルを片手または両手で捕球する画面で捕捉したり、ないしは手で保持して、投げられるような体の使い方を工夫させるなどの配慮をする。 | 〈バドミントンを基にした易しいゲーム〉<br>・体形変化が苦手な児童には、ジュニア用ラケットを経験させるなどの配慮をする。<br>・シャトルの落下点に移動することが苦手な児童には、落ちる位置に移動する動きを習得させることや、ラケットの面にシャトルが当たることを理解させることやシャトルの落ち点に体を下に構えて両手で捕球する場合を工夫させるなどの配慮をする。 | 〈バドミントンを基にした簡易化されたゲーム〉<br>・相手エンドに返球することが苦手な児童には、ジュニア用ラケットの面をどのようにネットに当てなどとラケットを越えるように向けてネットに当てなどと、正規のネットの高さよりも低い位置でサービスが苦手な児童には、正規のネットの高さよりも低い位置で打ち出せることを工夫するなどの配慮をする。 |

※〈学校体育実技・資料第8集（文部科学省、2010）を基にして、小学校学習指導要領解説体育編（2017d）の内容と提案（網掛け部分）をまとめました。

られます。さらに、改訂された中学校学習指導要領解説保健体育編（文部科学省，2017）でも、球技領域の内容の取り扱いについては、ほとんど変わりがありません。

　ここでは、拙稿『中学校体育実技実践指導全集　第4章　球技　バドミントン』（髙山，1997）の一部（原文の修正・加筆あり）を引用します。

## （1）単元の意図

　本単元は球技種目のバドミントンについて学習するものです。バドミントンは、ラケットとシャトルを用いて行う打球技（スポーツ）です。2人そろえば、わざわざ体育館内でネットを張らなくても羽根突きができ、適度な運動量にもなります。また、一流選手を対象とした競技バドミントンでは、きわめてハードな運動強度となることが明らかにされています。このように、レクリエーション的要素と競技的要素を兼ね備えているのがバドミントンです。このスポーツの最大の魅力（楽しさ）は、思い通りにストロークができてショットが決まり、試合で勝つことですが、それを初歩的段階レベルの学習者に求めるのは早計でしょう。

　これまで生徒は、バドミントンを体育科の教材として学習する機会がありません。つまり、ほとんどの生徒が技術的にみれば初心者であり、学習の仕方や進め方などについてもわかっていないのです。したがって本単元では、生徒の実態（初心者）を十分に考慮しながら、段階的な練習課題や簡易ゲームなどを取り入れ、技能レベルに応じた学習ができるようにしていきたい。

## （2）単元計画
### 1）単元名　バドミントンに親しむ
### 2）バドミントンの特性
#### ①　一般的特性

　ネットをはさんで、向かい合ったプレイヤーが、ラケットでシャトルを打ち損じるまで交互に1回ずつ打ち合って得点を競う、シングルスとダブルスからなるスポーツである。

② 生徒からみた特性

・シャトルを打つと爽快になる。

・ラリーが続くと楽しい。

・シャトルの飛び方に応じた身のこなしができ、打ち返せるようになると楽しい。

・狙ったところへ打て、しかもショットが決まると楽しい。

・ダブルスのゲームで、ペアが協力して勝てるようになると楽しい。

・ラケットにシャトルをあてることができない（空振りが多い）と面白くない。

・ラリーが続かない（打ち損じが多い）と面白くない。

・対戦相手が強すぎると面白くない。

・対戦相手が強すぎると面白くない。

・ダブルスのゲームで、ペアのコンビネーションが合わず、うまく打ち返せないと面白くない。

・シャトルが消耗して飛びすぎるか、あるいはほとんど飛ばなくなってしまうと面白くない。

3）学習のねらい

バドミントンの基本ストロークを知り、各自の技能レベルに応じたダブルスのゲームを楽しむ。

4）学習のみちすじと時間配当

| 第1時−5時 | 第6時−11時 | 第12時−16時 | 第17時−20時 |
|---|---|---|---|
| ねらい1<br>ラケットによるシャトルの操作に慣れる | ねらい2<br>グループ内での簡易ゲームを楽しむ | ねらい3<br>基本ストロークの練習方法を知るとともに、ラリーを中心とした簡易ゲームを楽しむ | ねらい4<br>これまで習得した技能レベルを高めるとともに、ダブルスのゲームを楽しむ |

## 5） 学習と指導の展開例

<table>
<tr><td rowspan="2">は<br>じ<br>め<br>に</td><td colspan="2">オリエンテーション<br>・学習のねらいと道すじを知り、学習の見通しをもつ。<br>・学習資料の使い方を理解する。<br>・場所や用具の設置、使い方を知る。<br>・経験の有無に配慮しながらグループをつくり、さらにペアもつくる。<br>・学習の約束やマナー及び安全上の注意事項を知る。<br>・バドミントンンの歴史と特性について知る。</td></tr>
<tr><td>学習のねらいと活動</td><td>指　導・支　援</td></tr>
<tr><td rowspan="2">な<br>か</td><td>ねらい1<br><br>　ラケットによるシャトル操作に慣れる<br><br>1　学習のめあてや進め方を確認する。<br>2　用具の準備と準備運動を行う。<br>3　個人での練習課題を行う。<br>「ラケットの握り方・基本姿勢・ストロークの素振り・直上突き・シャトル拾い・シャトルホールド」<br>4　ペアでの練習課題を行う。<br>「ネット越しのシャトル突き・ヘアピンショットにつなげる・2人組シャトルホールド・ロングハイサービス・ショートサービス・ネットをはさんで打ち合う」<br>5　簡易ゲームを行う。<br>　　ゲーム1：個人での回数を競うもの<br>　　ゲーム2：ペアでの回数を競うもの<br>6　グループによる練習課題を行う。<br>「複数その場突き・ロビング」<br>7　用具の後片づけと整理運動を行う。<br>8　学習のまとめを行う。</td><td>・グループで協力して用具を準備させ、準備運動も行わせる。<br><br><br>・はじめは、練習課題について教師が説明しながら示範する。<br><br>・練習方法がわかってきたら、各自の技能レベルに応じためあてをもたせる。ペア及びグループのめあてについては、各自の技能レベルを高められるような助言を行う。<br><br><br><br>・練習課題のねらいと進度基準（資料の表1参照のこと）を参考にして、自己評価 および相互評価させる。<br><br>・ゲームの仕方やルールを考えさせてもよい。<br><br>・技能レベルが高まったら、「ねらい2」の活動に進ませる。</td></tr>
<tr><td>ねらい2<br><br>　グループ内での簡易ゲームを楽しむ<br><br>1　学習のめあてや進め方を確認する。<br>2　用具の準備と準備運動を行う。<br>3　これまでの練習課題の復習を行う。<br>4　グループによる練習課題を行う。<br>「動きを伴ったドライブ」<br>5　グループ内での簡易ゲームを行う。<br>　　ゲーム3：回数と時間を競うもの<br>6　用具の後片づけと整理運動を行う。<br>7　学習のまとめを行う。</td><td>・グループで協力して用具を準備させ、準備運動も行わせる。<br>・各自の技能レベルに応じためあてをもたせる。<br>・ペア及びグループの練習では、各自がつまずいている点を考えさせたり助言していく。<br><br>・これまでに習得した技能を使ってできるゲームを考えさせる。<br>・ルールや方法について助言することがあれば行う。</td></tr>
</table>

第6章　学校体育授業のための実践資料　*131*

| | | |
|---|---|---|
| | | ・「ねらい3」の活動に進ませる。 |
| な<br>か | **ねらい3**<br><br>基本ストロークの練習方法を知るとともに<br>ラリーを中心とした簡易ゲームを楽しむ<br><br>1　学習のめあてや進め方を確認する。<br>2　用具の準備と準備運動を行う。<br>3　これまでの練習課題の復習を行う。<br>　　　前述のゲーム2、3を含む。<br>4　ペアでの練習課題を行う。<br>「プッシュとアンダーアームレシーブ」<br>5　グループによる練習課題を行う。<br>「ドロップ・スマッシュ・ハイクリア」<br>6　用具の後片づけと整理運動を行う。<br>7　学習のまとめを行う。 | ・グループで協力して用具を準備させ、準備<br>　運動も行わせる。<br>・各自の技能レベルに応じためあてをもたせる。<br>・ペア及びグループの復習では、つまずき箇<br>　所をみつけ、教え合わせたり、教師から助<br>　言する。<br>・ペア及びグループによる簡易ゲーム2、3<br>　も行わせる。<br>・ペアでの練習では、相手が打ちやすくなる<br>　工夫をさせる。<br>・グループによる練習では、各自の役割を決<br>　めさせ、しっかりはたせるように援助する。 |
| | **ねらい4**<br><br>これまで習得した技能レベルを高めるとと<br>もに、ダブルスのゲームを楽しむ<br><br>1　学習のめあてや進め方を確認する。<br>2　用具の準備と準備運動を行う。<br>3　これまでの練習課題の復習を行う。<br>4　ダブルスのゲームの進め方や審判法を覚<br>　える。<br>5　グループ内で、試しのダブルスのゲーム<br>　を行う。<br>6　グループ内でのダブルスのゲームを行う。<br>　　ゲーム4：21ポイント1ゲームマッチの<br>　　リーグ戦<br>　　ゲーム5：21ポイント1ゲームマッチの<br>　　トーナメント戦<br>7　用具の後片づけと整理運動を行う。<br>8　学習のまとめを行う。 | ・「ねらい4」の活動に進ませる。<br>・グループで協力して用具を準備させ、準備<br>　運動も行わせる。<br>・各自の技能レベルに応じためあてをもたせ<br>　る。<br>・ペア及びグループの復習ではつまずき箇所<br>　をみつけ、教え合わせたり、教師から助言<br>　する。また、技能の向上があれば認めてや<br>　る。<br>・資料や実際にコートに入らせてのゲーム形<br>　式でわからせる。<br>・試しのゲームは、自己審判制で10分間交<br>　代とする。コートに入れないペアは、ゲー<br>　ムをみながら進め方を覚えさせたり、審判<br>　を行わせる。<br>・リーグ戦を通して、ペアのコンビネーショ<br>　ンプレイについて意識させる。<br>・リーグ戦での対戦ペアの力を分析させると<br>　ともに、トーナメント戦の作戦をたてさせ<br>　る。<br>・トーナメント戦では、グループごとに企画、<br>　運営、評価ができるように助言や支援を行<br>　う。 |
| ま<br>と<br>め | 学習活動を振り返り、ねらいが達成できたか話し合う。<br>・学習に進んで取り組み、バドミントンの特性を味わうことができたか。<br>・みんなと協力し合って、楽しくゲームを行うことができたか。<br>・各自の技能レベルを高めることができたか。<br>・ルールの工夫やマナーを身につけることができたか。 | |

## 6）単元の評価規準（＊新たに加えました）

| 運動の知識・技能 | 思考力・判断力・表現力等 | 学びに向かう力・人間性等 |
|---|---|---|
| バドミントンに関わる基礎技術の仕組みや練習方法、計画の立て方、ルール、審判法及びチーム対抗戦の企画・運営の仕方について書き出したり、具体例をあげたりしている。ペアや個人の能力に応じてバドミントンの特性に応じた技能を身に付け、ゲームをすることができる。また、各種のショットやサービスなどの技術を習得し、向上した運動技能で攻防を展開することができる。 | ペアや個人の能力に応じた課題を設定し、その課題を解決するための適切な練習方法を選んだり、見つけたりするとともに、相手との攻防に合った作戦を立てたり、練習やゲームの仕方や新しい課題を見つけたりする。 | シャトルが生み出す独特の飛び方と緩急のスピードや勝敗を競い合うことで、バドミントンの楽しさや喜びを味わえるようにする。また、グループ（チーム）における自分の役割を果たしたり、協力して教え合ったりしようとするとともに、審判の判定や指示に従い勝敗や結果を受け入れようとする。併せて、コート内外の安全を確かめ、健康・安全に留意しようとする。 |

## 3　大学でのバドミントン授業の実践例

本節では、これまでに筆者が担当した2つの大学におけるバドミントンに関わる授業の実践について紹介します。（1）は、T大学において1992年度から1995年度まで非常勤講師として教養科目の「体育実技」（バドミントンのみを半期15回行う）を担当した実践をまとめ、同大学論集（1996年）に掲載されたものの一部（修正・加筆あり）です。（2）は、K大学において専任教員として2013年度から担当してきた「バドミントン実技」（半期15回1単位）の2018年度シラバス（電子版）です。本授業は、後期開講科目で未実施のため詳細については省略します。

第6章　学校体育授業のための実践資料　*133*

## （1）　T大学における「体育実技」の実践から

　T大学の1コマ当たりの「体育実技」の授業は、原則的に3名の担当者が約120〜150名を受け持っていました。第1週のオリエンテーションでは、受講生によって種目選択が行われました。受講生の希望をできるだけかなえると、1人の担当者が受け持つ人数は毎年30〜60名となりました。これまでの授業実践を基盤として、生涯スポーツにつなげる大学の教養科目としての授業試案（種目はバドミントン）を以下に示します。

### 1）　授業のねらい

　◎ストローク、サービス、トラベリング（フットワーク）の基礎技術を習得し、自己の能力に応じたゲーム（ここでは、ダブルスを行う）ができる。

　◎相互に協力し合って公正にプレイするとともに、自主的・計画的に練習やゲームができる。

　◎ルールに基づいたゲームの進め方と審判ができる。

　◎老若男女を問わず親しむことができるスポーツなので、生涯にわたる楽しみ方が見つけられる。

### 2）　バドミントンの特性

#### ①　一般的特性

・ネットを挟んで対峙したプレイヤーが、ラケット及びシャトルを用いて打ち損じるまで交互に1回ずつ打ち合うシングルスとダブルスからなる競技（スポーツ）である。

#### ②　学習者からの特性

・シャトルを打つと爽快になる。

・ラリーが続くようになると楽しい。

・シャトルのフライトの変化に応じた身のこなしができ、打ち返せるようになると楽しい。

・狙ったところへ打て、しかもショットが決まると楽しい。

・ダブルスのゲームで、ペアが協力して勝てるようになると楽しい。

・ラケットにシャトルを当てることができない（空振りが多い）と面白くない。

・ラリーが続かない（打ち損じが多い）と面白くない。

・対戦相手が強すぎると面白くない。

・ダブルスゲームで、ペアのコンビネーションが合わず、うまく返せないと
　面白くない。

・シャトルが悪くなり、飛びすぎるか、あるいはほとんど飛ばなくなってし
　まうと面白くない。

③　学習内容

　　第1週　オリエンテーション、バドミントンの歴史・特性、基礎的運動

　　第2週　基本ストローク①、技術発展史の追体験

　　第3週　基本ストローク②、サービス①

　　第4週　これまで習得した技術による簡易ゲーム①

　　第5週　フットワークを伴ったストローク

　　第6週　サービス②、簡易ゲーム②

　　第7週　応用的な練習課題①

　　第8週　応用的な練習課題②、ダブルスの簡易ゲーム

　　第9週　基本的なルールと審判法

　　第10週　ダブルスの練習ゲーム

　　第11週　ダブルスのゲーム①

　　第12週　ダブルスのゲーム②

　　第13週　団体戦①

　　第14週　団体戦②

　　第15週　スキルテスト

④　単位数　半期1単位

⑤　履修条件

　バドミントンの経験が多少ある初級者を対象とするが、未経験者でも履修可
能な授業内容になる。定員はバドミントンコートの面数にもよるが、1コート
当たり8〜10名程度が良いであろう。

⑥　授業形態

　技能レベルを考慮した班別とする。なお、バドミントン部員や技能の高い者

が履修した場合には、班のリーダーとして活動させる。

⑦　成績評価の方法

実技を伴う授業なので出席点が大きな割合を占める。各自の技能向上及び態度の変容については、毎週、担当者が主観的な判定をしておき、最終回のスキルテストとともに総合評価する。評価の項目と基準は表6-5 ～ 7に示す。

⑧　受講生による授業評価

受講生には、第14週までの授業に対する感想をレポートとして提出させ、授業評価の参考とする。

表6-5　評価の割合

| 評価の項目 | 配点 |
|---|---|
| ①出席状況（出席点） | 50 |
| ②活動状況（普段点） | 10 |
| ③スキルテスト（技術点） | 40 |
| 総　合 | 100 |

表6-6　出席点の基準

| 欠席数 | 0 | 1 | 2 | 3 | 4 | 5 | 6 |
|---|---|---|---|---|---|---|---|
| 点 | 50 | 45 | 40 | 35 | 25 | 15 | 0 |

表6-7　スキルテストの基準

| ス　キ　ル | 判　定　基　準 | 満点 |
|---|---|---|
| シャトルとラケットの基本的な操作 | ラケットの両面でシャトルを交互に30回以上突ける | 5 |
| ドライブ | ネットにほぼ水平なフライトが20回以上続けられる | 5 |
| サービス | ショートとロングをそれぞれ5回ずつ試行し、決められた範囲に3回以上入る | 10 |
| スマッシュ | コート中央付近から連続5回打ち、3回以上ヒットして向い側エンドに入る | 10 |
| ハイクリア | バックバウンダリーラインを越えるフライトが、連続5回以上打てる | 10 |

## 3）授業の展開（1 コマ当たり 90 分×15 週）

| 過程 | キーワード | 主な指導内容及び指導上の留意点 |
|---|---|---|
| 試行の段階 | 第1週<br>バドミントンを知る | バドミントンの歴史と特性について紹介した後、技能の判定テストを実施する。併せて、正しい運動処方についての認識を高める動機付けとして、最新の資料等も紹介する。本時の後半では、ラケットに慣れる段階としての遊び的な要素を含んだ課題を多様に経験させる。 |
| 試行の段階 | 第2週<br>シャトルに慣れる | 前時の復習とともに、さらに進んだ段階の課題を経験することによって、ラケット及びフライトの特徴に慣れさせる。本時の後半では、バドミントンの技術発展史の追体験として、シャトルを床に落さず何回突き合うことができるか試みる。ちなみに最古の記録は、2117 回（1830 年）といわれている。 |
| 錬成の段階 | 第3週<br>ストロークとサービスが分かる | ストロークによるフライトは、ドライブ・ヘアピン・ドロップ・プッシュ・スマッシュ・ロビング（レシーブ）に大別できる。またサービスは、ショートとロングの2種類がある。本時では、これらを集中的に学習するが、時間的な制限もあり、正確なストロークとサービスは期待できない。 |
| 錬成の段階 | 第4週<br>簡易ゲームを楽しむ | これまでに習得した技術を発揮して、簡易なゲームができるようにする。このゲームでは、正式なルールにこだわることなく、コートの広さやネットの高さを変更することによって、ラリーが続くように工夫する。ただし、サービス時の規定についてはできるだけ守るようにさせたい。 |
| 精錬の段階 | 第5週<br>前後左右に動ける | これまでの練習課題は、どちらかといえば動きをあまり伴わないものであった。本時においては、より実践に近づいたノック形式の課題を繰り返し行うことによって、荒削りなストローク（粗形態）の習得を目指す。 |
| 精錬の段階 | 第6週<br>進んだ段階の簡易ゲームを楽しむ | 前半は、レシーバーを配置して正確なサービスができるようにする。各種のストロークの習熟度をみると、粗形態から精形態へと変化する段階である。これまでの運動経験（学習）によって、うまくできなかった動き（運動）がうまくできるようになった場合を習熟度が高まったという。後半では、各種のストロークによる集団的な簡易ゲームを行う。 |
| 精錬の段階 | 第7週<br>正確なストロークができる | 前時の発展段階として、1対1、1対2及び2対2のパターン練習を行う。また、ノック形式によるダブルスの練習を行うとともに、攻守の陣営やコンビネーションについても解説する。引き続き簡易ゲームを行うことでストロークの習熟度を高め、ダブルスのゲームができるようにする。 |
| 完成の段階 | 第8週<br>コンビネーションが分かる | ダブルスのゲームにおいては、ペアのコンビネーションが最も大切となる。したがって、息のあったパートナーを決定するための練習も取り入れていく。コンビネーションは短期間に向上しないが、固定したペアによる練習やゲームを一定期間経験することで習得していくものであろう。本時は、主にダブルスの簡易ゲームを時間制やポイント制などで行い、コンビネーションを高めていく。5分間1ゲームマッチや8ポイントゲームマッチなどが考えられる。 |
| 完成の段階 | 第9週<br>ルールとジャッジメント | バドミントンの競技規則（ルール）は、第1条から第19条までがある。これほど少ないルールでゲームが行われるということは、プレイヤーに競技者としての優れた自覚（モラルを含む）が要求されていると考えて良いであろう。本時では、主なルールと審判法について解説する。ダブ |

第6章　学校体育授業のための実践資料　*137*

| | | |
|---|---|---|
| | | ルスのゲームでは、自陣の得点（スコア）に応じたサービスコート（あるいはレシーブコート）の位置を理解するまでに時間がかかる。審判を担当する時には、できるだけ大きな声でコールするとゲームの進め方などが理解し易い。 |
| 完成の段階 | 第10週<br>相手の弱点を見つける | ゲームで勝つためには、相手の弱点に打ち込み、ミスを誘うようにすることが重要である。ダブルスでは、相手のコンビネーションを崩すことから始める。例えば、技能レベルの低い一方だけを集中的に攻めりズムを狙わせる方法などについて解説する。また、ダブルスのゲームにおけるサービスの重要性も理解させる。本時より第12回までは班全体の学習からペアによる個別学習の形態をとる。 |
| | 第11週<br>相手の弱点が狙える | 前時の学習では、相手のコンビネーションを崩すための手がかりを知ることができた。そのことを念頭におき、本時と次時の2回は、対戦相手を変えながら、できるだけ多くのダブルスゲームを行うようにする。時間及びコート（面数）の制約から、11ポイント1ゲームマッチが適当であろう。ゲームがない場合には、主審や線審を積極的に行ったり、他ペアの戦力などについて観察することも重要な学習である。対戦結果は、リーグ戦表などに記録しておき、本時の評価や反省に活用する。対戦成績が著しく悪いペアに関しては、技能レベルや相性などについて再度検討しなければならないこともある。 |
| | 第12週<br>コンビネーションを高める | 第8回から本時まで、ダブルスのゲームができるためのストロークやサービス練習、ルール及び審判法などを学習してきた。ゲームの進め方についての理解度も高まっているはずである。なお、リーグ戦の対戦相手をすみやかに決定していく仕方などの学習経験は、将来、社会人となった場合のスポーツ大会を運営していく上で参考になるであろう。後半には、最初からの班とこれまでの対戦成績をもとに、次時以降のチーム編成が決定される。チームの戦力にバランスがある編成を学生主体で考えさせたい。 |
| | 第13～14週<br>団体戦で楽しむ | リーグ戦方式の団体戦を行う。1チームは6人～10人程度の編成とする。対戦をダブルス（以下、「複」と略す）のみとすれば3複～5複ができる。全員参加を原則とする。ただし欠席の学生がいる場合には、重複した参加も認めることにする。対戦のないチームは、速やかにゲームが進行するように予め役割（主審・線審・得点係など）を決めておくことが大切である。1ゲーム15ポイントマッチで、エンドチェンジは8ポイント時に行う。対戦の過半数をとったチームが勝ちとなる。つまり、対戦が5複ならば3複を取った方の勝利である。4複の場合は、4ゲームの得失点で決める。第14回までに終了しない時は、次時に持ち越してもかまわない。 |
| 確認の段階 | 第15週<br>団体戦の結果発表及びスキルテスト | 団体戦の結果発表後、スキルテストを行う。また、本授業についての感想を報告させる（レポート用紙で提出）。 |

## (2) K大学における「バドミントン実技」のシラバスから

| 講義名 | バドミントン実技 | | | | |
|---|---|---|---|---|---|
| 担当者 | 岸 一弘 | 開講期 | 2018年度 後期 | 単位数 | 1 |
| 概要 | バドミントンの男子一流プレーヤーの放つスマッシュの初速スピードは時速400kmを超えるといわれ、世界各地で行われていた羽根突き遊びを源流として、発展して、現在の形態になったことと考えられます。現存する資料によります。この記録は庶民の間に打合う記録が2,117回ということです。実に確率でのんびりとしていた時代の面影を観察されています。ただし、バドミントンの競技の人たちが娯楽として楽しむことは大きなものがあるようのです。現在では他のスポーツと同様に、バドミントンも生涯にわたって楽しむことが求められています。スポーツの楽しみ方は大きく分けると4つあると考えられます。みること、支えること、そしてすることです。この授業では、これらの楽しみ方にも言及したいと思います。小学校学習指導要領解説体育編が2017年6月に公表されました。そのなかで、中学年及び高学年のネット型ゲームとネット型において、初めてバドミントンに関する例示がある例が示されています。このため、小学校体育でもバドミントンに関する運動遊びの授業が... | | | | |

到達目標「共愛12の力」との対応

| 識見 | | | 自律する力 | | | コミュニケーション力 | | | 問題に対応する力 | | |
|---|---|---|---|---|---|---|---|---|---|---|---|
| 共生のための知識 | 共生のための態度 | グローカル・マインド | 自己を理解する力 | 自己を制御する力 | 主体性 | 伝え合う力 | 協働する力 | 関係を構築する力 | 分析し、思考する力 | 構想し、実行する力 | 実践的スキル |
| − | ○ | − | − | ○ | − | − | ○ | ○ | − | ○ | ○ |

バドミントンの歴史（ルールの変遷を含む）について理解するとともに、基礎的技術や審判法の習得を通して試合ができるようにしたい。また、これらの成果を小学校の体育授業やスポーツ活動の部活動及び中学・高校での指導場面でも生かせるようにしてほしい。

| 教授法 | アクティブラーニング | ○ | サービスラーニング | − | PBL（課題解決型授業） | − |
|---|---|---|---|---|---|---|
| | 15回のうち、前半の基礎的技術の習得段階では担当者主導によって個別または班別での練習を行います。1週間に1回（90分間）の実技では、運動技術の習得は困難を伴います。技能レベルに応じてスキルアップできるようなプログラムを考えていますが、学習者自身が運動感覚を総動員して上達したいという気持ちで取り組むとともに、習熟度把握のためのスキルテストを行います。後半は学習者主体で、簡易なゲームから本格的な対抗戦まで段階的に進めていきます。また適宜、習熟度把握のためのスキルテストを行います。 | | | | | |

| 受講条件・前提科目 | レクリエーションとしてのバドミントン実技を希望する方には不向きです。この授業は3年以上を対象にします。学校や地域及び職場等バドミントンを引き続き実践し、その普及に努められるような方を希望します。バドミントンの競技経験よりも未経験者で熱意のある方を優先します（中学・高校大学でのバドミントン部経験者は遠慮していただいています）。施設用具の都合上、36名を上限とします（希望者多数の場合は抽選とします）。2回目以降は運動着、体育館シューズが必要です。 |
|---|---|
| 履修放棄 | 通常の履修放棄規定に従う。 |
| 評価方法 | 平常点・授業中の活動の様子（80%）、スキルテストの結果（20%）を総合的に評価します。なお、全授業回数の3分の1以上の欠席者は不合格とします。 |
| 教材 | 指定図書 共愛学園前橋国際大学ブックレットII「バドミントンを知る本」（800円）を直接販売します。 |
| 参考図書 | 特になし |
| 関連図書情報 | |

第6章　学校体育授業のための実践資料

| | 授業内容・学修内容 | 自習時間 |
|---|---|---|
| 1 | 本授業について説明する。体育前に集合（希望者が多い場合は抽選あり）シラバス授業<br>新聞のスポーツ欄に目を通しておくこと。 | － |
| 2 | 基礎的技術の学修をする。ラケットの握り方、他。（講義もあり：バドミントンの歴史について）<br>「バドミントンを知る本」の指定箇所を読んでおくこと。 | 1.00 |
| 3 | 基礎的技術の学修をする。ラケットとシャトルに慣れる段階。（講義もあり：バドミントンの特性について）<br>「バドミントンを知る本」の指定箇所を読んでおくこと。 | 1.00 |
| 4 | 基礎的技術の学修をする。ストロークと素振りについて。<br>「バドミントンを知る本」の指定箇所を読んでおくこと。 | 1.00 |
| 5 | これまでの学修成果をみる。試行する（スキルテスト1、簡易ゲーム）。<br>「バドミントンを知る本」の指定箇所を読んでおくこと。 | － |
| 6 | 基礎的技術の学修をする。ストローク・ショットについて。<br>「バドミントンを知る本」の指定箇所を読んでおくこと。 | 1.00 |
| 7 | 基礎的技術の学修をする。トラベリング技術について。<br>「バドミントンを知る本」の指定箇所を読んでおくこと。 | 1.00 |
| 8 | これまでの学修成果をみる 試行する（スキルテスト2、簡易ゲーム）。<br>「バドミントンを知る本」の指定箇所を読んでおくこと。 | － |
| 9 | 試合の進め方と審判法について学修する。<br>「バドミントンを知る本」の指定箇所を読んでおくこと。 | 2.00 |
| 10 | 個人戦（ダブルス）を楽しむ。<br>本日の対戦結果を振り返り、次の試合の作戦について考えておくこと。 | － |
| 11 | 個人戦（ダブルス）を楽しむ。<br>本日の対戦結果を振り返り、次の試合の作戦について考えておくこと。 | － |
| 12 | 個人戦（ダブルス）を楽しむ。<br>本日の対戦結果を振り返り、次の試合の作戦について考えておくこと。 | － |
| 13 | 個人戦（シングルス）を楽しむ。<br>本日の対戦結果を振り返り、次の試合の作戦について考えておくこと。 | － |
| 14 | 個人戦（シングルス）を楽しむ。<br>本日の対戦結果を振り返り、次の試合の作戦について考えておくこと。 | － |
| 15 | 個人戦（シングルス）を楽しむ。<br>これまでの学修成果を今後の諸活動に生かすための方策についてまとめておくこと。 | － |
| | 上記の授業外学修時間の合計 | 7.00 |
| | その他に必要な自習時間 | 8.00 |

※1単位を取得するためには、講義時間（30時間（実質90分）＋自習時間（15時間）が必要です。

注

1) この段階ではサービスに関する技術指導を行いません。そのため、児童が思い思いの方法で打ち出して構いません。本人がサービスと意識しないで、アンダーアームから打ち出すショットを"サービス風の打ち出し"と表記しました。

2) 文部事務次官の戸谷（2017e）からの通知（「小学校及び中学校の学習指導要領等に関する移行措置並びに移行期間中における学習指導等について」）で、平成30年4月1日から平成32年3月31日までの間における学習指導要領は特例が定められています。それによれば、体育を含む各教科は、全部または一部について新学習指導要領によることができるとされています。

# 付　記

　本書は、新潟大学大学院現代社会文化研究科博士後期課程学位請求論文として 2016 年 9 月 20 日受理された『生涯スポーツに繋げるバドミントンの指導理論と小学校体育科でのバドミントンに関わる教材開発』〈博士（教育学）学位授与番号甲 4226 号〉並びにその後の論文等を基に作成しました。参考・引用頁は以下の通りです。

### 参考・引用頁一覧表

| 該当の章 | 著書・学術論文等の名称 | 単著共著 | 発行又は発表の年月 | 発行所、発表雑誌等 | 頁 |
|---|---|---|---|---|---|
| 1 章 | 生涯スポーツに繋げるバドミントンの指導理論と小学校体育科でのバドミントンに関わる教材開発 | 単著 | 2016 年 9 月 | 新潟大学大学院現代社会文化研究科、博士（教育学）学位論文 | pp.1-16 |
| 2 章 | 生涯スポーツに繋げるバドミントンの指導理論と小学校体育科でのバドミントンに関わる教材開発 | 単著 | 2016 年 9 月 | 新潟大学大学院現代社会文化研究科、博士（教育学）学位論文 | pp.17-32 |
| 3 章 | 生涯スポーツに繋げるバドミントンの指導理論と小学校体育科でのバドミントンに関わる教材開発 | 単著 | 2016 年 9 月 | 新潟大学大学院現代社会文化研究科、博士（教育学）学位論文 | pp.33-48 |
| 4 章 | 生涯スポーツに繋げるバドミントンの指導理論と小学校体育科でのバドミントンに関わる教材開発 | 単著 | 2016 年 9 月 | 新潟大学大学院現代社会文化研究科、博士（教育学）学位論文 | pp.49-70 |
| 5 章 | 生涯スポーツに繋げるバドミントンの指導理論と小学校体育科でのバドミントンに関わる教材開発 | 単著 | 2016 年 9 月 | 新潟大学大学院現代社会文化研究科、博士（教育学）学位論文 | pp.71-80 |
| 6 章 1 | 小学校体育科のバドミントンに関する授業づくり | 単著 | 2018 年 3 月 | 共愛学園前橋国際大学論集第 18 号 | pp.173-188 |
| 6 章 2 | 中学校体育実践指導全集第 4 章球技　バドミントン担当 | 山川岩之助・佐藤良男監修共著 | 1997 年 12 月 | 日本教育図書センター | pp.63-81 |
| 6 章 3 | バドミントンの初歩的段階の指導に関する基本的な考え方　その 2 | 共著 | 1996 年 6 月 | 高崎経済大学論集 39-1 | pp.17-35 |

# 文　献

〈はしがき〉

文部省告示（2000）「スポーツ振興基本計画」.

岸　一弘・牛山幸彦・大庭昌昭（2017）「テニス・卓球・バドミントンの競技規則と技術の発展過程を初心者指導に活用するための基礎的研究 ─ 国際競技連盟の設立以降を中心として ─ 」コーチング学研究　31-1：67-80.

文部科学省（2018）『小学校学習指導要領解説 体育編』東洋館出版社：東京.


〈第 1 章〉

1

浅見　裕（2001）『スポーツの歴史』黒川國児　他編著『生涯スポーツ概論　その理論と実技』中央法規出版：東京，p.28-37.

芳賀脩光（2004）『病気に打ち勝つ生活体力と運動効果』健康長寿のキーワード．生活体力．日本放送出版協会：東京，pp.39-74.

服部豊示（2006）スポーツ．（財）日本体育学会監修　最新スポーツ科学事典．平凡社：東京，p.448.

入沢　充（2004a）『スポーツの法律入門』山海堂：東京，pp.110-113.

入沢　充（2004b）『スポーツの法律入門』山海堂：東京，pp.44-48.

菊　幸一（2012）『スポーツと社会について考えよう』高橋健夫ほか編著『基礎から学ぶスポーツリテラシー』大修館書店：東京，pp.23-34.

木村和彦（2000）『スポーツマネジメントとの立場から』永島惇正編著『スポーツ指導の基礎 ─ 諸スポーツ科学からの発信 ─ 』北樹出版：東京，pp.118-138.

岸　一弘（2007）「バドミントンの楽しみ方 ─ 生涯スポーツ論からみた 4 分類の検討 ─ 」共愛学園前橋国際大学論集，7：17-35.

北村尚浩（2006）『青少年スポーツのドロップアウトとバーンアウト』川西正志・野川春夫編著『生涯スポーツ実践論 ─ 生涯スポーツを学ぶ人たちへ ─ 改訂 2 版』市村出版：東京，pp.143-145.

増田靖弘（1995）『生涯スポーツの理念と推進対策』日本レクリエーション協会編『生涯スポーツのプログラム』遊戯社：東京，pp.11-26.

文部科学省（2004）『文部科学白書　平成 15 年度』国立印刷局：東京，p.309.

文部科学省（2010）『スポーツ立国戦略 ─ スポーツコミュニティ・ニッポン ─ 』2010 年 8 月．http://www.mext.go.jp/a_menu/sports/rikkoku/1297182.htm（参照日 2016 年 5 月 15

文　　献　*143*

日）

文部科学省（2011a）『スポーツ基本法』2011 年 6 月.

　http://www.mext.go.jp/a_menu/sports/kihonhou/attach/1307658.htm（参照日 2016 年
　5 月 15 日）

文部科学省（2011b）『スポーツ基本法のあらまし』2011 年 6 月.

　http://www.mext.go.jp/a_menu/sports/kihonhou/attach/1307836.htm（参照日 2016 年
　5 月 15 日）

文部科学省告示（2006）『「スポーツ振興基本計画」の改訂について』別添資料.

文部省編（1992）『我が国の文教政策』平成 4 年度. 大蔵省印刷局：東京, p.81.

文部省編（1999）『我が国の文教施策』平成 11 年度. 大蔵省印刷局：東京, p.375.

文部省（1999a）『みんなでつくる運動部活動 ― あなたの部に生かしてみませんか ―』東洋館
　出版社：東京, p.8.

文部省告示（2000）「スポーツ振興基本計画」.

松浪　稔（2013）『スポーツの楽しみ方④調べる』東海大学一般体育研究室編『健康・フィッ
　トネスと生涯スポーツ　改訂版』大修館書店：東京, pp.60-61.

中込四郎・岸　順治（1991）「運動選手のバーンアウト発症機序に関する事例研究」体育学研
　究 35-4：313-323.

佐伯聰夫（1987a）『スポーツ』日本体育協会監修　岸野雄三代表編『最新スポーツ大辞典』大
　修館書店：東京, p.521.

佐伯聰夫（1987b）同上書, pp.521-522.

佐伯聰夫（1996）『国民生活における「みるスポーツ」の意味と価値 ― 新しいスポーツ・ライ
　フの創造 ―』文部省競技スポーツ研究会編『みるスポーツの振興』ベースボール・マガジ
　ン社：東京, pp.13-17.

時本識資（1995）『現代のスポーツをよむ』スポーツ実践研究会編著『スポーツを知る・する・
　考える ― これからのスポーツライフのために ―』不昧堂出版：東京, pp.158-170.

辻　秀一（2001a）『痛快! みんなのスポーツ学』集英社インターナショナル：東京, pp.127-
　128.

土屋裕睦・中込四郎（1998）「大学新入運動部員をめぐるソーシャル・サポートの縦断的検討：
　バーンアウト抑制に寄与するソーシャル・サポートの活用法」体育学研究 42-5：349-362.

山口泰雄（2004）『スポーツ・ボランティアの可能性』山口泰雄編『スポーツ・ボランティア
　への招待 ― 新しいスポーツ文化の可能性』世界思想社：京都, pp.1-14.

横田匡俊（2002）「運動部活動の継続及び中途退部にみる参加動機とバーンアウトスケールの
　変動」体育学研究 47-5：427-437.

（財）山口県体育協会（2005）http://www.japan-sports.or.jp/yamaguchiken/contents/volun_5.
　htm（参照日 2005 年 12 月 20 日）

2

蘭　和真・蘭　朝子（1996）「初期のバドミントンのローカルルールに関する研究 ― 1893 年の
　バドミントン協会設立以前に考案されたルールの研究 ―」東海女子大学紀要 15：15-36.

Badminton World Federation（2016）http://bwfcorporate.com/about/membership（参
　照日 2016 年 5 月 1 日）

池田昌道（1984）『ザ・ベストバドミントン』大修館書店：東京，pp.7-12.

伊藤基記・相馬武美・菊地利明・今井先（1964）『バドミントン教本（栗本義彦監修）』不昧堂
　出版：東京，pp.12-14.

神田　聡・阿部一佳（1984）『バドミントンの歴史』浅見俊雄・宮下充正・渡辺　融編『現代
　体育・スポーツ体系第 27 巻テニス、卓球、バドミントン』講談社：東京，pp.206-211.

関　一誠（1979）『バドミントン 強くなるための基礎技術&戦法』ナツメ社：東京，pp.10-13.

関　一誠・藤田明男・蘭和真（1989）『バドミントン教室』大修館書店：東京，pp.6-9.

岸　一弘（2007）「バドミントンの楽しみ方 ― 生涯スポーツ論からみた 4 分類の検討 ―」共
　愛学園前橋国際大学論集，7：17-35.

岸　一弘（2010）『バドミントンを知る本』上毛新聞社事業局出版部：群馬.

公益財団法人日本バドミントン協会（2014）『平成 26 年度事業報告書』
　http://www.badminton.or.jp/nba/2015/project_report.pdf.

公益財団法人日本バドミントン協会（2014）『競技規則』

公益財団法人日本サッカー協会（2016）『2014 年度事業報告書』
　http://www.jfa.jp/about_jfa/report/PDF/26_houkoku.pdf.

公益財団法人日本ソフトテニス連盟（2016）『平成 26 年度事業報告書および決算報告書』
　http://www.jsta.or.jp/wp-content/uploads/schemes/jihou2014.pdf.

公益財団法人日本卓球協会（2016）『平成 26 年度加盟団体登録一覧表』
　http://www.jtta.or.jp/Portals/0/images/association/registration_number/registration_
　number_% EF% BC% A826.pdf.

公益財団法人日本バレーボール協会（2011）『登録者数』
　http://www.ssf.or.jp/research/report/pdf/2011_report_10_2_2.pdf.

髙山一弘（1988）「バドミントン競技の起源に関する一考察：グーツムーツの所謂「遊戯書」
　の記述を中心として」日本体育学会第 39 回福島大会 大会号：601.

髙山一弘（1995）『初心者と指導者のためのバドミントン教本』上毛新聞社出版局：群馬.


3

岸　一弘（2010）『バドミントンを知る本』上毛新聞社事業局出版部：群馬，pp.10-14.

〈第2章〉

1

阿部一佳・渡辺雅弘（1985）『基本レッスン　バドミントン』大修館書店：東京，p.20.

Edwards, J.（1997）『BADMINTON: Technique, Tactics, Training』The Crowood Press Ltd.:UNITED KINGDOM, pp.19-22.

兵藤昌彦（1972）『バドミントンの技術史』岸野雄三・多和健雄編　スポーツの技術史．大修館書店：東京，pp.625-635.

飯野佳孝（2001）日本バドミントン協会編『バドミントン教本　基本編』ベースボール・マガジン社：東京，pp.17-20.

伊藤基記（1971）「中学体育におけるバドミントン指導」新体育 41-9：73-76.

岸　一弘（2003）「バドミントンの初心者指導体系論（1）」日本スポーツ方法学会第14回大会大会号．p.15. 及び発表時配布資料．

岸　一弘（2004）「バドミントンの初心者指導体系論（2）」日本スポーツ方法学会第15回大会大会号．p.11. 及び発表時配付資料．

久保正秋（1998）『コーチング論序説 ― 運動部活動における「指導」概念の研究 ―』不昧堂出版：東京，pp.259-269.

LEGETT, L.（1983）『理想的なコーチ』綿井永寿・宇佐美隆憲・時本識資訳『コーチの心得（PHILOSOPHY OF COACHING）』不昧堂出版：東京，pp.33-35.

松田　稔（1980）軽スポーツ．YMCA出版：東京，p.28.

中比呂志・出村慎一・作野誠一・南　雅樹・小林秀紹（1993）「公共スポーツ施設に対する市民の要望に関する研究」教育医学 39-2：255-264.

日本体育協会（2006）http://www.japan-sports.or.jp/local/club/10.html/（参照日 2006年12月10日）

日本体育協会（2016）http://www.japan-sports.or.jp/local/tabid/353/Default.aspx（参照日 2016年4月13日）

嶋田出雲（1998）『スポーツ・コーチ学 ― ストリーム理論とトリー理論による勝利への道 ―』不昧堂出版：東京，pp.25-36.

吹田真士（2003）「我国における組織的なバドミントン活動の始まりについての予備的な検討」大学体育研究 25：1-17.

髙山一弘（1995）『初心者と指導者のためのバドミントン教本』上毛新聞社出版局：群馬，p.22.

髙山一弘（1997）『球技　バドミントン』山川岩之助・佐藤良男監修『中学校体育実践指導全集』日本教育図書センター：埼玉，pp.63-81.

髙山一弘・上條　隆（1993）「バドミントンの初歩的段階の指導に関する基本的な考え方」群馬大学教養部紀要 27：257-263.

髙山一弘・上條　隆（1996）「バドミントンの初歩的段階の指導に関する基本的な考え方（2）」

高崎経済大学論集 39-1：17-35.

辻　秀一（2001）『痛快！ みんなのスポーツ学』集英社インターナショナル：東京．pp.138-
142.


2

バドミントン・マガジン編集部（2005）『バドミントン・マガジン12月号』ベースボール・マ
ガジン社：東京，p.68.

バドミントン・マガジン編集部（2006a）『バドミントン・マガジン11月号』ベースボール・
マガジン社：東京，p.35.

バドミントン・マガジン編集部（2006b）『バドミントン・マガジン4月号』ベースボール・マ
ガジン社：東京，p.37.

バドミントン・マガジン編集部（2006c）『バドミントン・マガジン6月号』ベースボール・マ
ガジン社：東京，p.47.

博報堂（2016）『グローバル生活者調査レポート　Global HABIT』

日本バドミントン協会（2006）http://www.u-netsurf.ne.jp/nichiba（参照日2006年11月20
日）

日本バドミントン協会（2016）http://www.badminton.or.jp/calender/index.html（参照日
2016年4月2日）

佐伯聰夫（1996）『国民生活における「みるスポーツ」の意味と価値 ― 新しいスポーツ・ライ
フの創造 ―』文部省競技スポーツ研究会編『みるスポーツの振興』ベースボール・マガジ
ン社：東京，pp.13-17.

SSF笹川スポーツ財団（2006a）『スポーツ観戦状況』『スポーツ白書～スポーツの新たな価値
の発見～』笹川スポーツ財団：東京，pp.38-39.


3

松尾鉄矢・多々納秀雄・大谷善博・山本教人（1994）「ボランティア・スポーツ指導者のドロッ
プアウトに関する社会学的研究：指導への過度没頭と生活支障の関連及びその規定要因につ
いて」体育学研究39：163-175.

日本体育協会（2006）http://www.japan-sports.or.jp/coach/data/data.html（参照日2006
年11月20日）

日本体育協会（2016a）http://www.japan-sports.or.jp/coach/tabid/248/Default.aspx（参
照日2016年4月2日）

日本体育協会（2016b）http://www.japan-sports.or.jp/Portals/0/data/katsudousuishin/
doc/20151001_tourokusha_events.pdf（参照日2016年4月2日）

SSF笹川スポーツ財団（2004）『スポーツ・ボランティア・データブック』SSF笹川スポーツ

文　　献　*147*

財団：東京，p.1.

SSF 笹川スポーツ財団（2006a）『スポーツ指導者と資格制度』『スポーツ白書～スポーツの新たな価値の発見～』笹川スポーツ財団：東京，pp.82-87.

SSF 笹川スポーツ財団（2006b）『スポーツ観戦状況』『スポーツ白書～スポーツの新たな価値の発見～』笹川スポーツ財団：東京，pp.87-95.

山口泰雄（2004）『スポーツ・ボランティアの可能性』山口泰雄編『スポーツ・ボランティアへの招待 ― 新しいスポーツ文化の可能性』世界思想社：京都，pp.1-14.


4

バドミントン・マガジン編集部（2014）『バドミントン・マガジン9月号』ベースボール・マガジン社：東京，p.48.

藤本淳也（2006）『生涯スポーツイベントとスポンサーシップ』川西正志・野川春夫編著『生涯スポーツ実践論 ― 生涯スポーツを学ぶ人たちへ ― 改訂2版』市村出版：東京，pp.56-61.

関東学生バドミントン連盟（2006）http://www.h6.dion.ne.jp/~kantoren（参照日 2006 年 11月 3 日）


## 〈第3章〉

1

阿部一佳・芳賀脩光・加藤満里子・中谷敏昭・鵤木秀夫・牛山幸彦・冨樫健二（1989）「女子バドミントン競技の運動強度」筑波大学体育科学系紀要．12：107-114.

阿部一佳・芳賀脩光・中谷敏昭・鵤木秀夫・牛山幸彦・冨樫健二・太田　憲（1990）「男子バドミントン競技の運動強度」筑波大学体育科学系紀要 13：73-80.

Araragi, K. Omori, M. andIwata, H（1999）「Work Intensity of Women Competing in Official Badminton Championship Games: Estimation of Heart Rate during Games in Japanese Intercollegiate Tournaments」J. Educ. Health Sci. 44（4）：644-658.

張　環宇（2015）「大学卓球選手における乳酸値測定から見た持久能力評価について」現代社会文化研究 60：149-159.

池上晴夫（1982）『運動処方 ― 理論と実際 ―』朝倉書店：東京，pp.166-171.

伊藤慎吾・高崎裕治（2015）「ソフトテニスにおけるダブルスの運動強度」秋田大学教育文化学部研究紀要人文科学・社会自然科学　70：83-87.

中谷敏昭・白石　晃・寺田和史（2015）「バドミントン競技選手における作業時間と休息時間を変化させた間欠的トレーニングの運動強度：5秒から15秒のショート・ショート・インターバルトレーニング」日本体育学会大会予稿集 66：270.

高木公三郎・木内一生・伊藤　稔・吉岡文雄（1958）「バドミントンにおける女子学生のエネ

*148*

ルギー代謝について」体育学研究 3-3：61-69.

2

阿部一佳・芳賀脩光・加藤満里子・中谷敏昭・鵤木秀夫・牛山幸彦・冨樫健二（1989）「女子バドミントン競技の運動強度」筑波大学体育科学系紀要. 12：107-114.

Araragi, K. Omori, M. andIwata, H（1999）「Work Intensity of Women Competing in Official Badminton Championship Games: Estimation of Heart Rate during Games in Japanese Intercollegiate Tournaments」J. Educ. Health Sci. 44（4）：644-658.

浅見俊雄・佐野裕司・広田広一・生田香明（1978）「バドミントンおよびテニスの運動強度について一中高年初心者の場合一」体育科学 6：38-42.

広田　彰・飯野佳孝（1990）「心拍数からみた女子バドミントン競技の運動強度」宮崎大学教育学部紀要 芸術・保健体育・家政・技術 60：11-19.

小林寛道（1982）『日本人のエアロビック・パワー』杏林書院：東京，pp.172-176.

漆原　誠・前出哲子・土屋典子・本多宏子・遠井稔男・池田舜一・吉沢茂弘（1985）：「高校女子バドミントン選手の心拍変動を中心としたゲームおよび練習の分析」体育の科学 35：851-857.

3

阿部一佳、芳賀脩光、加藤満里子、中谷敏昭、鵤木秀夫、牛山幸彦、富樫健二（1989）：「女子バドミントン競技の運動強度」筑波大学体育科学系紀要 12：107-114.

阿部一佳・岡本　進（1985）『バドミントン』大石三四郎・浅田隆夫編、ぎょうせい：東京，pp.116-201.

アメリカスポーツ医学協会（1993）アメリカスポーツ医学協会編 日本体力医学会体力科学編集委員会監訳『体育指導者のための運動処方の指針 — 運動負荷試験と運動プログラム — 原著第4版』南江堂：東京．pp.93-118.

Araragi, K. Omori, M. andIwata, H（1999）「Work Intensity of Women Competing in Official Badminton Championship Games: Estimation of Heart Rate during Games in Japanese Intercollegiate Tournaments」J. Educ.Health Sci. 44（4）：644-658.

浅見俊雄、佐野裕司、広田公一、生田香明（1978）：「バドミントンおよびテニスの運動強度について —中高年女子初心者の場合—」体育科学 6：38-42.

波多野義郎・加藤敏明・小林央幸・北洞誠一（1984）「歩行歩数（Pedmetter Recordings）と消費エネルギーとの関係」教育医学 30-1：48-63.

広田彰・飯野佳孝（1990）：「心拍数からみた女子バドミントン競技の運動強度」宮崎大学教育学部紀要芸術・保健体育・家政・技術 67：11-19.

星川　保・森　悟・松井秀治（1991）「中学生の日常身体活動量 —カロリーカウンターとペド

メーターによる ―」体育科学 19：7-19.

星川　保・森奈緒美・森　悟・松井秀治（1993）「アクトグラムによる中学生の日常身体活動の分析」体育科学 21：40-51.

伊藤　稔・伊藤一生・北村栄美子・小川邦子・前田喜代子（1978）「女子学生の体育実技授業中の心拍数の変動と運動強度の推定」体育科学 6：65-76.

加賀谷熙彦（1993）『運動処方の作成とその効果』『スポーツ医学の基礎（万木良平監修）』pp.169-193.

岸　一弘（2001）「大学の体育授業の実践的研究（3）：バドミントンのダブルスゲームにおけるペアの身体活動量の比較を中心として」体育科教育学研究 18-1：25-36

岸　一弘・奥村廣重・田村桃子・松本亜以子（2003）「スポーツ教材の運動強度に関する研究」大妻女子大学家政系研究紀要 39：27-36.

岸　一弘・山本正彦（2004）「大学のバドミントン授業時におけるダブルスペアの身体活動」大妻女子大学家政系研究紀要 40：75-82.

小宮秀一（1999）『立たない・歩かない・日本人の健康 ―恐竜の末路をたどるか日本人 ―』不昧堂出版：東京．pp.148-158.

MacAuley, D.（2001）坂本静男監訳『最新スポーツ医科学ハンドブック―スポーツの効果とリスク―』ナップ：東京．p.11.

Sallis, J, F. and Owen, N.：竹中晃二監訳（2000）『PHYSICAL ACTIVITY & Behavioral Medicine』北大路書房：東京．

佐藤祐造・梶岡多恵子・森　圭子（2002）「運動不足解消に必要な1日歩行量」臨床スポーツ医学 19-4：375-381.

里見仁志・鵤木秀夫・鵤木千加子（1991）「バドミントンにおける各種ストロークの運動強度．―女性を対象にした場合 ―」神戸商科大学人文論集 26（3・4）：293-309.

関　一誠・小野沢弘史・宮崎正己（1982）「全日本教職員バドミントン大会に於ける試合中のプレイヤーの心拍変動」早稲田大学体育研究紀要．14：35-44.

清水教永・豊田博・南匡泰（1973）「バドミントン試合中における心拍数の変動について」日本体育学会第24回大会号 p.275.

髙山一弘・上條　隆（1994）「バドミントン練習中の運動強度：家庭婦人プレーヤーの場合」教育医学 40-2：155-161.

髙山一弘（1998）「大学の体育授業の実践的研究 ―バドミントンの授業時における運動量について ―」体育科教育学研究 15（1）：23-30.

吉田　正・長澤　弘・丸地八潮・竹本　洋・天野義裕・米田吉孝・合屋十四秋・鬼頭伸和（1981）「万歩計利用による体育授業における体力づくりに関する実践的研究　第1報　大学一般体育実技について」愛知教育大学研究報告（芸術・保健体育・家政・技術科学編）30：37-46.

〈第4章〉

1

阿部一佳・渡辺雅弘（2008）『バドミントンの指導理論1．第2版』日本バドミントン指導者連盟：埼玉，pp.47-50.

ABA（1963）『ABA OFFICIAL RULES』The Laws of Badminton, IBF revised in 1963, pp.4-11.

阿部一佳（1987）『最新　スポーツ大事典』日本体育協会監修　岸野雄三編．大修館書店：東京，pp.994-1004.

蘭　和真（2010）「バドミントンの初期の歴史に関する一考察」東海学院大学紀要4：11-17.

BAE（1939）『BAE Handbook 1939-1940』The Laws of Badminton, IBF revised in 1939, pp.53-67.

BAE（1950）『BAE Handbook 1950-1950』The Laws of Badminton, IBF revised in 1949, pp.76-84.

BAE（1954）『BAE Recommendations to Umpires』The Laws of Badminton, IBF revised in 1949, 1952, pp.7-16.

Brahms, B, V.（2010）『Badminton handbook training・tactics・competition』Meyer & Meyer Sport：Maidenhead, pp.127-128.

History of The LAWS of Badminton（2015）http://www.worldbadminton.com/rules/history.htm（参照日2015年6月21日）

IBF（2006）『The IBF Laws of Badminton』

高橋英夫・今井正男（2002）『JUDGE RULES OF BADMINTON バドミントン教本』日本バドミントン協会編．日本バドミントン協会：東京，pp.168-186.


2

阿部秀夫（1986）『ザ・バドミントン初心者のための基本テクニックと練習法』日本文芸社：東京，pp.14-19.

阿部一佳（1987）『最新　スポーツ大事典』日本体育協会監修　岸野雄三編．大修館書店：東京，pp.994-1004.

阿部一佳・岡本進（1985）『バドミントン』大石三四郎・浅田隆夫編，ぎょうせい：東京，pp.23-24.

阿部一佳・渡辺雅弘（1985）『基本レッスン　バドミントン』大修館書店：東京，pp.18-29.

阿部一佳・渡辺雅弘（2008）『バドミントンの指導理論1．第2版』日本バドミントン指導者連盟：埼玉，pp.47-50.

相沢マチ子（1983）『やさしいバドミントン・レッスン』ベースボール・マガジン社：東京，pp.11-14.

文　　献　*151*

Brahms, B. V. (2010)『Badminton handbook training・tactics・competition』Meyer & Meyer Sport：Maidenhead, pp.21-128.

Brown, E. (1971)『Badminton』Faber & Faber：London, pp.23-26.

中国ジュニア「バドミントン」訓練教材編集チーム：中野千穂訳 (1988)『中国バドミントン強さの秘密』ベースボール・マガジン社：東京，pp.60-61.

Davidson, K, R. and Gustavson, L, R. (1964)『WINNING BADMINTON』The Ronald Press Company：New York, p.38.

ダビドソン，グスタフソン：兵藤昌彦訳 (1965)『ウイニング・バドミントン』3版，不昧堂出版：東京，pp.77-232.

Davis, P. (1976)『The Badminton Coach』Kaye & Ward：London, pp.44-45.

Downey, J. (1978)『Badminton for Schools』Pelham Books Ltd：London, pp.33-39.

Downey, J. (1990)『How to coach BADMINTON』William Collins Sons & Co Ltd：London, pp.46-49.

Edwards, J. (1997)『Badminton : Technique, Tactics, Training』The Crowood Press Ltd：London, pp.19-22.

Grice, T. (1996)『Badminton Step to Success』Human Kinetics：USA, pp.7-8.

Grice, T. (2008)『Badminton Step to Success. 2nd』Human Kinetics：USA, pp.1-3.

花岡牧夫 (1982)『図解バドミントン』日東書院：東京, pp.24-27.

Hashman, J. and Jones, C, M. (1977)『Starting Badminton』Littlehampton Book service Ltd：London, pp.11-15.

平川卓弘・胡　小藝 (1994)『バドミントンのすすめ』ベースボール・マガジン社：東京，pp.25-27.

平川卓弘 (2004)『ジュニア選手の練習方法』バドミントン教本　ジュニア編，日本バドミントン協会編．大修館書店：東京，pp.14-79.

廣田　彰・飯野佳孝 (1994)『目で見るバドミントンの技術とトレーニング』大修館書店：東京，pp.38-39.

兵藤昌彦 (1972)『バドミントンの技術史』『スポーツの技術史』岸野雄三・多和健雄編，3版．大修館書店：東京，pp.624-635.

伊藤基記 (1969)『バドミントン上達法. 7版』不昧堂書店：東京，pp.18-24. pp.117-120.

飯野佳孝 (2001)『バドミントンの技術』『バドミントン教本　基本編』日本バドミントン協会編，ベースボール・マガジン社：東京，pp.17-20.

池田昌道 (1984)『ザ・ベストバドミントン』大修館書店：東京，pp.25-30.

池田信太郎 (2011)『バドミントンの基本レッスン』新星出版社：東京，pp.13-15.

伊藤基記・相馬武美・菊地利明・今井先 (1964)『バドミントン教本（栗本義彦監修）』不昧堂出版：東京，pp.42-131.

ジャクソン，スオン：今井先監訳（1957）『バドミントン入門』ベースボール・マガジン社：東京，pp.63-175.

岸　一弘（2010）『バドミントンを知る本』上毛新聞社事業局出版部：群馬，pp.10-16.

小島一平（1980）『バドミントン』西東社：東京，pp.36-37.

小島一夫（2006）『うまくなる！バドミントン』西東社：東京，pp.7-9.

クロスリー：後藤忠弘訳（1973）『バドミントン競技入門』ベースボール・マガジン社：東京，pp.20-26.

舛田圭太（2011）『基本が身につく　バドミントン練習メニュー200』池田書店：東京，pp.22-24.

Meyners, E.（1983）『Badminton in der Schule』Verlag Karl Hofmann：Schrndorf, pp.83-86.

大世古吉弘（1988）『バドミントン上達プログラム』ベースボール・マガジン社：東京，p.19.

Paup, D. C. and Fernhall, B.（2000）『Skills, Drills & Strategies for Badminton』Holcomb Hathaway：USA, pp.17-21.

彭美丽・張蜀璇・甘学琳・胡彦峰（2001）『羽毛球技巧図解』北京体育大学出版社：北京，pp.3-6.

拉尔夫・法彼西・卡尔―海恩思・奥林斯基・马丁・斯柯罗茨：花勇民・葛艳芳訳（2008）『羽毛球　从入门到实战』北京体育大学出版社：北京，pp.20-22.

堺　栄一（1982）『バドミントン』講談社：東京，pp.18-20.

関　一誠（1979）『バドミントン　強くなるための基礎技術＆戦法』ナツメ社：東京，pp.46-48.

関　一誠・藤田明男・蘭和真（1989）『バドミントン教室』大修館書店：東京，pp.36-38.

関根義雄・平川卓弘（1986）『バドミントン練習プログラム』成美堂出版：東京，pp.10-11.

田郷弘毅（1984）『学校体育バドミントン③小学校』浅見俊雄編，現代体育・スポーツ体系第27巻テニス，卓球，バドミントン，講談社：東京，pp.291-293.

高橋英夫・今井正男（2002）『JUDGE RULES OF BADMINTON　バドミントン教本』日本バドミントン協会編．日本バドミントン協会：東京，pp.168-169，pp.183-186.

栂野尾昌一（1984）『バドミントン　これからのバドミントンを志す人のために』日本文芸社：東京，pp.16-18.

角田真一郎（1975）『バドミントン』日東書院：東京，pp.46-51.

ウエンブレーバドミントンチーム（2009）『もっとうまくなる！バドミントン』ナツメ社：東京，pp.14-17.

銭谷欽治（1987）『バドミントン』西東社：東京，pp.18-21.

銭谷欽治（1990）『バドミントン上達法』ベーススボール・マガジン社：東京，pp.10-12.

文　　献　*153*

3

ダウニィ：阿部一佳ほか訳（1990a）『ウィニング・バドミントン・シングルス』大修館書店：
　東京，pp.12-124.

ダウニィ：阿部一佳ほか訳（1990b）『ウィニング・バドミントン・ダブルス』大修館書店：東
　京，pp.10-60.

ダビドソン，グスタフソン：兵藤昌彦訳（1965）『ウイニング・バドミントン．3版』不昧堂出
　版：東京，pp.77-232.

飯野佳孝・神谷ジャーミン・中島慶（2003）『バドミントン教本　応用編』日本バドミントン
　協会編，ベースボール・マガジン社：東京，pp.50-66

伊藤基記・相馬武美・菊地利明・今井先（1964）『バドミントン教本（栗本義彦監修）』不昧堂
　出版：東京，pp.42-131.

ジャクソン，スオン：今井先監訳（1957）『バドミントン入門』ベースボール・マガジン社：
　東京，pp.63-175.


〈第5章〉

1

高山一弘・上條　隆（1993）「バドミントンの初歩的段階の指導に関する基本的な考え方」群
　馬大学教養部紀要27：257-263.


2

阿部一佳・渡辺雅弘（1985）『基本レッスン　バドミントン』大修館書店：東京，pp.25-27.

阿部一佳・岡本　進（1985）『バドミントン』大石三四郎・浅田隆夫編．ぎょうせい：東京，
　pp.149-155.

蘭　和真（1995）『⑦バドミントン』阪田尚彦・高橋健夫・細江文利編『学校体育授業事典』
　大修館書店：東京，pp.459-465.

廣田　彰・飯野佳孝（1994）『目で見るバドミントンの技術とトレーニング』大修館書店：東
　京．p.39.

木庭修一・山川岩之助（1978）『改訂　水泳の段階的指導と安全管理』ぎょうせい：東京．

マイネル：金子明友訳（1981）『スポーツ運動学』大修館書店：東京，pp.362-470.

長澤靖夫（1990）『達成力としての運動技能の構造』金子明友・朝岡正雄編『運動学講義』大
　修館書店：東京，pp.43-52.

太田昌秀（1990）『運動指導の方法』金子明友・朝岡正雄編『運動学講義』大修館書店：東京，
　pp.177-186.

体育推進会議アクアティック分科会編（1986）『日本YMCA水泳リーダーハンドブック』日
　本YMCA同盟出版部：東京．

全日本スキー連盟編（1987）『日本スキー指導教本』スキージャーナル：東京．

3

平野　淳（2007）『ジュニアサッカーバイブル3　小学生のトレーニング集Ⅱ』カンゼン：東京,
　　p.175.

公益財団法人日本バドミントン協会（2011）『BADMINTON ACTION PLAN 2011』公益財
　　団法人日本バドミントン協会：東京, pp.6-28.

〈第6章〉

1

岸　一弘（2014）「初心者を対象としたバドミントンの指導にかかわる研究 ― 小学校体育科で
　　の教材化に向けて ―」共愛学園前橋国際大学論集 14：79-93.

岸　一弘・牛山幸彦・大庭昌昭（2014）「ネット型スポーツの一貫指導に関わる研究：小学校体
　　育科におけるバドミントンの教材化にむけて」日本体育学会第65回岩手大会口頭発表配布資
　　料.

Kishi, K. and Ushiyama,Y.（2014）「Development of a badminton coaching program for
　　schoolchild beginners」The 1st Asia Pacific Conference on Coaching Science 2014,
　　Poster Presentation, HOKKAIDO UNIVERSITY.

Kishi, K. and Ushiyama, Y.（2015）「Development of a badminton coaching program for
　　schoolchild biginners」Proceeding of the 1st Asia-Pacific Conference on Coaching Science
　　（web journal）pp.57-58.

岸　一弘（2015）『小学校で取り組むバドミントン』体育科教育9月号（40-44頁）,　大修館書
　　店：東京.

岸　一弘・牛山幸彦・大庭昌昭（2017）「小学校体育科のネット型スポーツに関わる教材開発」
　　日本体育学会第68回静岡大会口頭発表配布資料.

文部科学省（2018）『小学校学習指導要領解説　体育編』東洋館出版社：東京.

2

文部科学省（2008）『中学校学習指導要領解説　保健体育編』東山書房：京都.

文部科学省（2018）『中学校学習指導要領解説　保健体育編』東山書房：京都.

髙山一弘（1997）『球技　バドミントン』山川岩之助・佐藤良男監修『中学校体育実践指導全
　　集』日本教育図書センター：埼玉, pp.63-81.

3

髙山一弘・上條隆（1996）「 バドミントンの初歩的段階の指導に関する基本的な考え方　その
　　2」高崎経済大学論集, 39-1：17-35.

岸　一弘（2018）「バドミントン実技」共愛学園前橋国際大学2018年度シラバス（電子版）.

# あ と が き

　冒頭でも触れましたが、本書は 2016 年 9 月 20 日に新潟大学大学院現代社会文化研究科博士後期課程学位請求論文として受理された『生涯スポーツに繋げるバドミントンの指導理論と小学校体育科でのバドミントンに関わる教材開発』の一部とその後に発表した論文等を基に作成したものです。

　思い起こせば、高校生の夏までは、プロ野球選手を夢見てグラウンドを駆け回ったり、バットの素振りを数え切れないほど繰り返したりしていました。目標にしていた甲子園出場がかなわず、次の目標を何にしていけばよいかを自問自答した結果、中学校の保健体育教師になろうと決めました。併せて、個人種目としてのバドミントンを大学に入学したら行おうとも考えました。そして、本格的なバドミントンを 1 度見ておきたいと思い、高校 3 年生の秋、群馬から東京までバドミントンの世界大会を観戦に行きました。そこでみた、超一流選手（リム・スイキン選手ほか）のプレイが競技としてのバドミントンとの初めての出会いです。

　18 歳からバドミントンを始めたわけですが、入部したバドミントン部には専門的な指導者がいませんでした。そのため、上級生がトレーニングメニューを考え、初心者はそれをこなしていました。もちろん、個人的にはバドミントンに関する書物を読むこともしました。2 年生の秋以降になって、大学のリーグ戦や選手権及び県内の大会にも出場できるようになりました。けれども、個人種目のトーナメント戦でベスト 16 以上に勝ちあがることはできませんでした。やはり、幼い頃からバドミントンに親しんでいなかったことやバドミントン的センスが乏しかったことが大いに影響しているものと考えられます。

　その後、女子大学生の運動部を指導する機会に恵まれたため、コーチとしてのキャリアアップを目指しました。併せて、初心者や初学者を対象とした指導（学習）プログラムの開発などの研究も続けました。現在は、大学の小学校教員養成課程に籍を置いていることもあり、この 10 年余りは小学校体育に関わ

る研究が主要なものとなっています。おりしも、小学校学習指導要領が2017年3月に改訂となり、その解説体育編において、バドミントンに関わる例示が初めてなされたことは、筆者の研究に一縷の光が当たったようで、ちょっぴり喜んでいます。

2018年のアジア競技大会が開催されたインドネシアは、バドミントンが国技のような存在だと聞いています。同国は、これまでに多くの名プレイヤーを輩出しています。そのようなプレイヤーを含めた国民の多くが、幼い頃から道端や空き地などでバドミントンに親しんでいるそうです。我が国でも、バドミントンが好きな子供たちがたくさん育つように、全国の先生方や指導者に本書を活用していただきたいと願っています。一方で、日本バドミントン学会が2018年3月に発足しました。研究者のみならず指導者や大学院生（学生を含む）の皆様とともに、日本のバドミントン界を盛り上げていきたいと考えています。

最後になりますが、大学時代からの恩師の若井彌一先生（元、上越教育大学長）と上越教育大学大学院の恩師である太田昌秀先生に改めて感謝申し上げます。また、これまでの研究を進めるにあたっては伊藤基記先生、兵藤昌彦先生、阿部一佳先生、関一誠先生、関根義雄先生、他、ここには記せないほど多くの先生方の知見や文献を参考にさせていただきました。紙面をお借りして御礼申し上げます。

## ■著者紹介

岸（旧姓 髙山）一弘 （きし　かずひろ）

1958 年 7 月　群馬県吾妻郡吾妻町（現東吾妻町）生まれ
学歴
1977 年 3 月　群馬県立高崎商業高等学校卒業
1977 年 4 月　仙台大学体育学部入学
1981 年 3 月　同上卒業（体育学士）
1984 年 4 月　上越教育大学大学院学校教育研究科修士課程入学
1986 年 3 月　同上修了（教育学修士）
2013 年 10 月　新潟大学大学院現代社会文化研究科博士後期課程入学
2016 年 9 月　同上修了　博士（教育学）
職歴
1981 年 4 月　群馬県公立小学校教諭任用
1984 年 3 月　同上を大学院進学のために退職
1986 年 4 月～1996 年 3 月　群馬県内の公立高等学校・国公立大学の非常勤講師などを歴任
1996 年 4 月～2005 年 3 月　大妻女子大学短期大学部専任講師・助教授を歴任
2005 年 4 月～現在　共愛学園前橋国際大学教授
専門領域
体育科教育学、スポーツ教育学、コーチング学
学会役職
2018 年 3 月～現在　日本バドミントン学会副会長・理事
資格
2011 年 10 月～現在　日本スポーツ協会公認バドミントンコーチ
主な指導歴
1987 年 4 月～1988 年 10 月　相模女子大学バドミントン部コーチ
1996 年 4 月～2005 年 3 月　大妻女子大学バドミントン部コーチ・監督・部長
2008 年 4 月～2012 年 11 月　共愛学園前橋国際大学競技バドミントンクラブ創部、監督・部長

# バドミントンの理論と実技
― 初歩から基本技術の指導まで ―

2019 年 2 月 20 日　初版第 1 刷発行

■著　　者───岸　一弘
■発 行 者───佐藤　守
■発 行 所───株式会社 大学教育出版
　　　　　　　〒 700-0953　岡山市南区西市 855-4
　　　　　　　電話（086）244-1268　FAX（086）246-0294
■印刷製本───モリモト印刷㈱

© Kazuhiro Kishi 2019, Printed in Japan

検印省略　　落丁・乱丁本はお取り替えいたします。
本書のコピー・スキャン・デジタル化等の無断複製は著作権法上での例外を除き禁じられています。本書を代行業者等の第三者に依頼してスキャンやデジタル化することは、たとえ個人や家庭内での利用でも著作権法違反です。
ISBN978-4-86429-999-2